Para

com votos de paz.

Divaldo Franco
Pelo Espírito Joanna de Ângelis

Conflitos existenciais

Série Psicológica Joanna de Ângelis
Vol. 13

Salvador
7. ed. – 2023

COPYRIGHT ©(2005)
CENTRO ESPÍRITA CAMINHO DA REDENÇÃO
Rua Jayme Vieira Lima, 104
Pau da Lima, Salvador, BA.
CEP 412350-000
SITE: https://mansaodocaminho.com.br
EDIÇÃO: 7. ed. (10ª reimpressão) – 2023
TIRAGEM: 3.000 exemplares (milheiro 69.500)
COORDENAÇÃO EDITORIAL
Lívia Maria Costa Sousa

REVISÃO
Christiane Lourenço · Lívia Maria C. Sousa
CAPA
Cláudio Urpia
MONTAGEM DE CAPA
Ailton Bosco
EDITORAÇÃO ELETRÔNICA
Christiane Lourenço
COEDIÇÃO E PUBLICAÇÃO
Instituto Beneficente Boa Nova

PRODUÇÃO GRÁFICA
LIVRARIA ESPÍRITA ALVORADA EDITORA – LEAL
E-mail: editora.leal@cecr.com.br

DISTRIBUIÇÃO
INSTITUTO BENEFICENTE BOA NOVA
Av. Porto Ferreira, 1031, Parque Iracema. CEP 15809-020
Catanduva-SP.
Contatos: (17) 3531-4444 | (17) 99777-7413 (WhatsApp)
E-mail: boanova@boanova.net
Vendas on-line: https://www.livrarialeal.com.br

Dados Internacionais de Catalogação na Publicação (CIP)
(Catalogação na fonte)
BIBLIOTECA JOANNA DE ÂNGELIS

F825   FRANCO, Divaldo Pereira. (1927)

Conflitos existenciais. 7. ed. / Pelo Espírito Joanna de Ângelis [psicografado por] Divaldo Pereira Franco, Salvador: LEAL, 2023 (Série Psicológica, volume 13).
240 p.
ISBN: 978-85-61879-75-4

1. Espiritismo 2. Psicologia 3. Psicologia Espírita
I. Título II. Divaldo Franco

CDD: 133.93

Bibliotecária responsável: Maria Suely de Castro Martins – CRB-5/509

DIREITOS RESERVADOS: todos os direitos de reprodução, cópia, comunicação ao público e exploração econômica desta obra estão reservados, única e exclusivamente, para o Centro Espírita Caminho da Redenção. Proibida a sua reprodução parcial ou total, por qualquer meio, sem expressa autorização, nos termos da Lei 9.610/98.
Impresso no Brasil | Presita en Brazilo

SÚMULA

CONFLITOS EXISTENCIAIS   *9*

1 FUGAS PSICOLÓGICAS
Causas psicológicas das fugas   15
Danos imediatos e remotos decorrentes   20
Soluções   23

2 PREGUIÇA
Fatores causais da preguiça   27
Transtornos gerados pela preguiça   31
Terapia para a preguiça   34

3 RAIVA
Raiva e primarismo   37
Raiva e transtorno emocional   41
Terapia para a raiva   45

4 MEDO
Psicopatologia do medo   49
Diferentes manifestações do medo   53
Erradicação do medo   57

5 RESSENTIMENTO
Causas psicológicas do ressentimento   63
Efeitos perniciosos e transtornos emocionais   67
do ressentimento
Terapia libertadora   70

6 CULPA
A psicologia da culpa   73
As lamentáveis consequências da culpa não liberada   77
Processos de libertação da culpa   80

7 Ciúme
Psicogênese do ciúme 83
Comportamentos doentios 87
Terapia para o ciúme 92

8 Ansiedade
Psicogênese da ansiedade 97
Desdobramento dos fenômenos ansiosos 100
Terapia para a ansiedade 103

9 Crueldade
Psicogênese da crueldade 107
Desenvolvimento da crueldade 110
Terapia para a crueldade 112

10 Violência
Psicogênese da violência 115
Desenvolvimento da violência 118
Terapia libertadora da violência 121

11 Neurastenia
Psicogênese da neurastenia 125
Desenvolvimento da neurastenia 128
Terapia para a neurastenia 131

12 Drogadição
Fatores causais da drogadição 135
Dependência química 138
Terapia de urgência 141

13 Tabagismo
Causas do Tabagismo 145
Instalação e danos da dependência viciosa 149
Terapia para o tabagismo 153

14 Alcoolismo
Alcoolismo e obsessão	157
Prejuízos físicos, morais e mentais do alcoolismo	160
Terapia para o alcoolismo	163

15 Vazio existencial
Psicogênese da perda do sentido	167
Autoconsciência	172
Terapia libertadora	175

16 Estresse
Razão de ser do estresse	179
Processos e mecanismos estressantes	182
Terapia para o estresse	187

17 Fobias
Psicogênese das fobias	191
Desenvolvimento fóbico	195
Terapia para os transtornos fóbicos	199

18 Coragem
Origem da coragem	201
Desenvolvimento da força e da virtude da coragem	205
Aplicação da coragem	209

19 Amor
Psicogênese do amor	213
Desenvolvimento do amor	216
Sublimação do amor	222

20 Morte
Fisiologia da morte	227
Inevitabilidade da morte	232
Libertação pela morte	236

CONFLITOS EXISTENCIAIS

A marcha do progresso é inexorável. Pode ser perturbada ou dificultada, nunca, porém, ficar retida em conveniências de indivíduos ou de grupos, paralisando o seu processo. Da mesma forma, a criatura humana está destinada à plenitude, avançando, não poucas vezes, sob injunções dolorosas que resultam da ignorância ou da má utilização dos recursos preciosos que se lhe encontram ao alcance.

De origem divina, experiencia as mais diferentes manifestações da vida, desenvolvendo os valores sublimes que lhe dormem em germe até atingir a felicidade que lhe está destinada.

Essa felicidade, porém, deverá ser conquistada, passo a passo, mediante o esforço pessoal e o investimento de luta, de modo que desabrochem os seus potenciais que impulsionam à conquista da glória.

Através das multifárias reencarnações, o Espírito aprimora-se, libertando-se do primarismo pelo qual transitou e avançando no rumo da sublimação.

O sentido da vida inteligente é ascensional, que se logra através dos desafios existenciais que devem ser vencidos, porquanto são carregados das heranças negativas, que procedem das experiências anteriores malogradas e necessitam de ser corrigidas.

Em razão disso, esses desafios apresentam-se como conflitos perturbadores que enfermam, desorientam, empurram para situações dolorosas, quando não direcionados com sabedoria e enfrentados com valor.

Durante muito tempo acreditou-se que o ser humano vem ao mundo qual se fora uma folha de papel em branco, uma tábula rasa, e que a imitação em relação ao que via, ao que experimentava, a iniciar pelos pais que lhe vertiam os conhecimentos e aprendizagens, facultava o arquivamento das impressões que deveria repetir depois.

Experiências significativas, no entanto, demonstraram que a tese era destituída de legitimidade, porquanto os cegos de nascimento, que não podiam acompanhar as expressões da face de outrem, sorriam e apresentavam as mesmas características da tristeza que jamais haviam visto. De igual maneira, os povos ainda primitivos que vivem na Terra, visitados por cientistas cuidadosos, demonstravam os mesmos sentimentos do ser civilizado, embora jamais houvessem contactado ele, assinalando no semblante o ríctus da dor e a largueza da alegria.

Desde há muito, o pai da doutrina evolucionista, Charles Darwin, houvera escrito um tratado sobre a fisionomia humana, sugerindo estudos com cegos, de modo a se confirmar a ancestralidade dos caracteres emocionais e suas expressões em indivíduos que jamais tiveram oportunidade de vê-las noutrem.

Esse estudo abriria espaço para maior observação em torno dos sentimentos que a Psicologia científica desprezava, há mais ou menos quarenta anos...

Com o advento de novas conquistas psicológicas em torno do ser humano, pôde-se constatar que há uma herança atávica assinalando todos os indivíduos com idênticas expressões faciais e emocionais, sem que tenha havido qualquer contato entre eles.

Conflitos existenciais

Do ponto de vista espírita, essa herança procede das reencarnações anteriores, que imprimiram no Espírito as suas necessidades, mas também as suas realizações, facultando-lhe o avanço progressivo, cada vez que uma etapa do processo de crescimento é vencida.

Graças a essa constatação, na raiz de todo processo aflitivo existe uma herança psicológica de outra existência, ressurgindo como necessidade de reparação, a fim de favorecer o Espírito com novas aquisições, sem amarras com os fracassos que ficaram no passado...

Desse modo, a felicidade no mundo é possível, desde que seja desenvolvido o empenho por consegui-la.

Ninguém se encontra na Terra exclusivamente para sofrer, mas para criar as condições da saúde real e da alegria plena.

Mesmo no caso das expiações vigorosas, enquanto vigem trabalham pela libertação do ser encarcerado logo seja concluída a reeducação.

Os estudiosos da conduta psicológica constatam também que essa felicidade é possível, porque existem fatores fisiológicos que a propiciam, e referem-se ao milagre da dopamina, o neuropeptídeo que a fomenta e a produz.

Experiências cuidadosas com tomografia computadorizada apresentam as áreas cerebrais onde se situam a felicidade e a infelicidade, resultado das emoções e dos fenômenos físicos produzidos pela dopamina, bem como por outras substâncias, assim confirmando a tese de natureza orgânica.

Um sentimento qualquer envia impulsos, procedentes do tronco cerebral ao cerebelo, que os processa e envia aos músculos como ordens, permitindo que o diencéfalo entre em ação, propiciando a excitação emocional, de modo que o córtex ative as circunvoluções na área do lóbulo frontal, transfor-

mando as emoções em atitudes e realizações objetivas. Ocorre, assim, todo um processo eletroquímico, através do qual o sentimento estimula as áreas próprias que o transformam, conduzem e materializam.

É fácil, portanto, de compreender-se que o ser humano é todo um feixe de emoções que necessitam ser bem direcionadas, e que a educação, o conhecimento, o exercício se encarregam de transformar em vivências.

Aprofundando-se mais a sonda no cerne do ser, constata-se que todo esse complexo de energia procede do Espírito, que a exterioriza conforme o seu padrão evolutivo, produzindo emoções superiores ou inquietantes de que tem necessidade no campo do crescimento moral.

Assim, os desafios existenciais que se apresentam como emoções perturbadoras, transtornos neuróticos – de ansiedade, de culpa, de estresse, de angústia – exigem atenção e devem ser cuidados de forma especial, mediante as conquistas das modernas ciências psíquicas, bem como das contribuições do Espiritismo, na sua feição de Ciência da alma.

Assim, a felicidade é desencadeada pela harmonia que o Espírito experimenta, a sensação agradável do dever cumprido, a retidão moral, facultando ao cérebro a produção da dopamina, da serotonina, da noradrenalina e de outras substâncias do mesmo gênero.

A conquista da felicidade ocorre quando se transita de um para outro estado de espírito em equilíbrio, portanto, de maior harmonia. Da mesma maneira, o sofrimento é uma transição da situação inferior, estágio que já deveria ter sido vencido.

A felicidade, portanto, não significa oposição à infelicidade.

Esse estado de bem-estar, de harmonia entre o ego *e o* Self *resulta de conquistas morais e espirituais, da vitória sobre os desafios existenciais.*

Reunimos no presente livro vários comportamentos perturbadores que se apresentam como testes de resistência para o indivíduo humano, e procuramos enfocá-los, ora à luz da Psicologia, ora da psicanálise, ora da Psiquiatria, todos, porém, sob a visão espírita, convidando o leitor à reflexão, à cuidadosa análise em torno da existência que desfruta.

Nada de novo apresentamos, exceto o enfoque doutrinário que retiramos do Espiritismo e que tem faltado ao conhecimento de nobres psicoterapeutas, assim como ao de outros especialistas na área da saúde mental e emocional.

O nosso desejo é contribuir de alguma forma em favor da saúde integral, da felicidade do ser humano convidado ao crescimento espiritual, não raro, por intermédio do sofrimento, desde que se nega a realizá-lo mediante o amor.

Com este livro, desejamos também homenagear a obra magistral O Céu e o Inferno, *de Allan Kardec, pelo transcurso do seu 140º aniversário de publicação, em Paris (França), que será comemorado no próximo mês de agosto.*

Embora reconhecendo a singeleza do nosso trabalho, desejamos que o gentil leitor encontre nas páginas que seguem algo de útil para o seu aprimoramento moral e espiritual, auxiliando-o a vencer galhardamente os desafios existenciais.

Salvador, 24 de junho de 2005.

JOANNA DE ÂNGELIS

1
FUGAS PSICOLÓGICAS

CAUSAS PSICOLÓGICAS DAS FUGAS
DANOS IMEDIATOS E REMOTOS DECORRENTES
SOLUÇÕES

CAUSAS PSICOLÓGICAS DAS FUGAS

Normalmente, o sistema nervoso central consegue suportar altas cargas emocionais, diluindo-as ou transferindo-as de localização. Em face dos estímulos que proporciona ao sistema endocrínico, o formidando laboratório glandular responde mediante os hormônios específicos que são produzidos e distribuídos em rede segura por todo o organismo. Embora seja o *Self* o desencadeador das emoções, a maquinaria orgânica tem a finalidade de expressá-las.

Ocorre, no entanto, que as sucessivas descargas emocionais perturbadoras de tal forma sobrecarregam os nervos que, invariavelmente, transferem aquelas mais difíceis de contornadas e aceitas para os arquivos do inconsciente, dando lugar às fugas psicológicas em que se comprazem muitos pacientes.

Em vez dos enfrentamentos dos problemas com naturalidade, determinadas predisposições emocionais impedem a aceitação das ocorrências mais exaustivas, produzindo um mecanismo automático escapista, mediante o qual parece livrar-se da dificuldade, quando apenas a posterga.

Tão natural e repetitivo se faz esse fenômeno, que o paciente deixa-se mascarar por fatores opressivos que terminam por vencê-lo.

Departamentos seletivos da mente bloqueiam automaticamente muitas ações desagradáveis, que são arquivadas em setores especiais, mesmo antes de analisadas devidamente, conforme seria de esperar-se. Em face dessa conduta escamoteadora, surgem os mecanismos de transferência de responsabilidade, de ausência de discernimento, de fugas variadas na área psicológica.

Na vida infantil, porque não compreende a gravidade dos atos, a criança escapa da responsabilidade apelando para a mentira, fruto natural da sua imaginação criadora, que bem orientada encontrará o correto caminho para dar largas ao seu campo de inspiração e de ação, sem esquecimento da verdade. No entanto, em razão da falta de orientação no lar, que procura castigar o mentiroso, em si mesmo vítima de insegurança e inquietação emocional, elucidando-o quanto à maneira como deve conduzir-se, o ser cresce fisicamente, mantendo-se, porém, no estágio de infância psicológica, o que é muito lamentável.

Não poucas vezes, diante dos grandes desafios para os quais o indivíduo não se sente equipado, por lhe faltarem os recursos hábeis para os arrostar, foge para atitudes levianas e irresponsáveis, como se estivesse agindo de forma correta.

Conflitos existenciais

Mais grave torna-se o fenômeno quando a necessidade da evasão faz-se mais premente, levando-o a um estágio de esquecimento dos compromissos difíceis, dando a impressão de conduta incompatível com a dignidade e o bom-tom.

É comum ver-se agressão verbal contra outrem, motivada pela inveja, que é a sua causa real, porém disfarçada de defesa deste ou daquele ideal, de uma ou de outra forma de comportamento. Nessa atitude está embutida uma fuga psicológica ocultando a causa real do desapontamento, transformado em rebeldia e mágoa.

Alguns estados pré-depressivos igualmente decorrem da incapacidade de serem resolvidos os desafios existenciais, facultando ao indivíduo esconder-se no medo que o leva ao mutismo, ao afastamento do convívio social e familial, em uma forma de poupar-se a qualquer tipo de sofrimento.

Muito curioso tal mecanismo de fuga, tendo-se em vista que o enfermo vai defrontar-se com aquilo que gostaria de evitar, desde que se torna infeliz, inseguro, no refúgio perigoso em que se homizia. Evidentemente, com o transcorrer do tempo aumenta a insatisfação com a existência e desce ao abismo da depressão psicológica, ensejando ao organismo, pelo impacto contínuo da mente receosa, perturbação nas neurotransmissões, em decorrência da ausência de serotonina e noradrenalina.

O ser humano encontra-se equipado de recursos preciosos que devem ser aplicados no quotidiano, de forma que se ampliem as possibilidades nele latentes, expressando a potencialidade divina de que se encontra constituído.

Toda vez que se tenta evitar esforço e luta, opera-se em sentido contrário às *Leis da Vida*, que impõem movimento e ação como recursos de crescimento psicológico, moral, intelectual, espiritual.

Ninguém cresce ou se desenvolve em estado de paralisia.

De igual modo, o ser pensante, quanto mais estímulos produz ao impacto dos ideais, das aspirações, dos programas iluminativos, mais inapreciáveis possibilidades se lhe desdobram convidativas.

Constata-se que os lidadores, em qualquer área existencial, mais se aprimoram quanto mais produzem e mais se afadigam.

Resistências morais desconhecidas são acionadas e recursos ignorados aparecem, tornando cada vez mais fáceis os empreendimentos programados.

Sob outro aspecto, as heranças espirituais de experiências transatas permanecem comandando o inconsciente profundo e gerando automatismos de bloqueio para todas as experiências que se apresentam na condição de ameaças à paz.

Quando se tornam mais vigorosas e ressumam com maior facilidade dos depósitos onde se encontram arquivadas, induzem ao suicídio, em mecanismo de transferência de responsabilidade para aquele a quem atribui as razões do que impropriamente considera como fracasso.

Muitas vezes são paixões incontroláveis, caprichos derivados de condutas equivocadas que se deseja impor a outrem, que tem o direito de recusá-las, não lhe aceitando a postura independente, que sempre deve prevalecer no indivíduo.

Todas as empresas experimentam períodos de progresso e de queda em face das razões sociais, econômicas, políticas, humanas.

O mesmo ocorre com a existência física, por tratar-se de um empreendimento de alta magnitude e sujeito às mais diversas circunstâncias, especialmente as emocionais, que, de alguma forma, constituem fatores de segurança e de equilíbrio.

A indiferença, que muitas vezes aflige aqueles que lhe padecem a postura, é um recurso de fuga psicológica de quem se sente incapaz de competir ou de aceitar o insucesso da pretensão anelada. Não se considerando em condições de compensar a perda, diminui a intensidade do sentimento afetivo e revida ao que considera como ofensa, em forma de morte da emoção.

É normal que ocorram algumas fugas psicológicas no dia a dia da existência humana, em forma de recurso neutralizador do excessivo volume de informações que bombardeiam o indivíduo, através dos diversos veículos de comunicação de massa, das conversações raramente edificantes, das convivências enfermiças.

Ante a impossibilidade de proceder-se a uma catarse que liberaria da carga adicional afligente, a consciência apaga momentaneamente as informações e foge para comportamentos que lhe parecem mais saudáveis e compatíveis com as suas aspirações.

Saúde mental e emocional, por extensão, física também, será sempre o resultado desse equilíbrio psicofísico que deve viger nos indivíduos que se trabalham interiormente, cultivando o otimismo e a confiança irrestrita em Deus e na vida.

Danos imediatos e remotos decorrentes

O hábito de evitar-se responsabilidades e deveres que parecem insuportáveis, conduz o indivíduo a uma falsa comodidade, assinalada pela conduta leviana e infantil. Todos os seres humanos existem para realizar o crescimento interior, a sua *individuação*. Inutilmente se busca burlar o impositivo do progresso, que é o recurso hábil para a conquista do Si profundo e de todas as suas potencialidades.

Quando, por uma ou outra razão, resolve-se pela acomodação ao já feito, ao já conhecido, deperece-se a energia vitalizadora e empobrece-se a existência, que tem por finalidade precípua o enriquecimento pela sabedoria.

Desse modo, os mecanismos de fuga psicológica quase sempre candidatam o paciente a um estado de inconsequências morais, frutos da constante evasão da realidade para um universo de fantasia, onde tudo se realiza magicamente, utopicamente.

Essa imaturidade emocional faz que se perca o interesse pelos nobres ideais, aqueles que exigem postura adequada e luta contínua, não dando abrigo a comportamentos alienantes ou desculpistas.

A culpa ancestral, fixada no inconsciente do indivíduo, exerce uma grande pressão sobre sua conduta atual, estimulando às evasões da realidade, ao esquivar-se dos compromissos vigorosos, mantendo atormentada a sua vítima, sempre à espera de algo perturbador.

Ignorar a responsabilidade de forma alguma a anula. Pelo contrário, apenas transfere-a em tempo e lugar, para futuros enfrentamentos inevitáveis, em situações aflitivas pelo impositivo da reencarnação.

Do ponto de vista psicológico, o próprio indivíduo perde a autoestima e considera-se incapacitado para quaisquer realizações que lhe exijam esforço, acostumado conforme se encontra a desistir diante de qualquer mobilização de forças físicas, morais ou intelectuais.

Com o tempo, torna-se desagradável, acreditando-se não amado, sempre traído pelos amigos, deixado à margem nos empreendimentos que se realizam a sua volta, acumulando mágoas e dissabores injustificáveis.

Certamente, as demais pessoas não têm capacidade para uma convivência fraternal com aqueles que se fazem omissos, com quem não se pode contar nos momentos difíceis, que sempre estão adiando decisões... Após algum período de tolerância, as pessoas afastam-se, procurando seus pares em Espíritos combativos, corajosos e empreendedores, aos quais se afeiçoam.

Os primeiros são considerados como enfermos, mais necessitados de compaixão do que de amizade, enquanto os segundos são tidos como companheiros, porque são participantes de tarefas e de convivências de variado teor.

A busca da harmonia é inevitável no ser humano. Lográ-la, no entanto, constitui-lhe uma empresa na qual se deve empenhar com as veras do sentimento.

Sabendo-se que trata de um logro de largo porte, o empenho de forças e de emoções constitui, sem dúvida, um fenômeno natural, que não pode ser considerado como sacrifício.

Todo herói, mesmo quando tomba no campo de batalha, em realidade não deve ser categorizado como vitimado pelo sacrifício. O seu gesto de doar a existência é-lhe motivo de alegria, de confirmação da nobreza do ideal que vibra em seu mundo íntimo.

Conta-se que Sólon, o maior sábio da Grécia no seu tempo, em um banquete que lhe foi oferecido pelo rei Creso, em Sardes, capital da Lídia, teria sido interrogado pelo monarca, tido como o homem mais rico do mundo naquela ocasião, para que informasse quem, na sua opinião de viajante ilustre, seria a pessoa mais feliz da Terra.

Sem perturbar-se, o pensador, após ter estado na sala dos tesouros reais, referiu-se que houvera conhecido em Atenas um jovem de nome Telus, que, após cuidar da genitora enferma, acompanhando-a até a morte, entregou o restante da existência à defesa da sua cidade.

Algo frustrado, o rei vaidoso retornou à carga, indagando-lhe, então, quem seria a segunda pessoa mais feliz do planeta, recebendo outra resposta desanimadora, quando foi afirmado por Sólon que ele houvera conhecido dois jovens, em Atenas, cuja existência fora notabilizada pela elevação moral e pela grandeza de sentimentos, que se imolaram para defender a cidade...

Sentindo-se subestimado, o rei Creso, que confundia poder com harmonia interna propiciadora de felicidade, não escondeu a desconsideração com que passou a tratar o convidado, dele havendo escutado que nunca se olvidasse do castigo do tempo, isto é, da fatalidade da própria vida, que altera comportamentos, ocorrências e circunstâncias de maneira tão prodigiosa quanto inesperada.

...E Creso, na sua guerra trágica contra Ciro, rei dos persas, viu a sua cidade incendiada, seus tesouros roubados, sendo preso e levado à fogueira, quando se referiu a Só-

Conflitos existenciais

lon, no justo momento em que passava o conquistador, que simpatizava com o filósofo, e indagou-lhe a causa pela qual enunciara que o sábio tinha razão. Explicando-lhe o que houvera acontecido, Ciro foi tomado de compaixão pelo vencido, libertando-o, enquanto exclamava a respeito da possibilidade de em algum dia cair na mesma situação de Creso, esperando receber complacência do seu triunfador.

Nomeou-o seu auxiliar, que lhe prestou relevantes serviços e continuou a trabalho na corte persa após a morte de Ciro, quando foi substituído pelo seu filho Cambises...

O castigo do tempo é a inexorabilidade do progresso, das transformações incessantes a que tudo e todos estão submetidos.

Os mecanismos, portanto, de fuga da responsabilidade e do dever somente atormentam aqueles que se lhes entregam inermes, quando seria mais factível e próprio lutar com tenacidade, vencendo os limites e impondo a vontade aos temores e conflitos, por cuja conduta encontraria a autorrealização, a paz.

SOLUÇÕES

O ser humano possui tesouros íntimos inigualáveis, ainda não explorados conscientemente.

Diante dos impositivos existenciais, cumpre-lhe recorrer a esses valores grandiosos, empenhando-se pela superação dos impedimentos que lhe surgem como fenômeno perfeitamente normal e comum a todas as demais criaturas.

A necessidade dos enfrentamentos faz parte da existência humana, sem os quais o processo de crescimento interior ficaria interrompido, dando lugar a transtornos profundos de comportamento que se transformariam em patologias de difícil solução.

O *ego* que teme o denominado fracasso, que é sempre um insucesso previsível e reparável, resolve evitar os processos desafiadores, mascarando a realidade e fugindo para o mundo de fantasia, constituído de sonhos utópicos e irrealizáveis gerados pelas frustrações.

Pequenos exercícios de afirmação da personalidade e de autodescobrimento dos valores adormecidos funcionam como terapia valiosa, por estimular o paciente a novos e contínuos tentames, que vão se coroando de resultados favoráveis, eliminando o sutil complexo de inferioridade e mesmo diluindo, a pouco e pouco, a culpa perturbadora.

Cada vitória, por mais insignificante que se apresente, serve de base para futuros cometimentos, que facultarão a autoconfiança, o reconhecimento das potencialidades ignoradas que respondem pelas forças morais de que é possuidor o *Self*.

Quanto mais se transfere o encontro com a realidade elaborada pelo Eu consciente atual, mais difícil torna-se a construção da identidade pessoal, que se apresenta como destituída de significados elevados, ocultando as imperfeições que, afinal, fazem parte de todo processo evolutivo.

À medida que se alcançam patamares mais elevados, outros surgem convidativos, demonstrando que não existe pouso definitivo para quem deseja a plenitude, sem novas metas a serem conquistadas.

Adicionando-se realizações, umas sobre as outras, ocorrerá um somatório de experiências que impulsionam o indivíduo com segurança no rumo certo da realidade.

Conflitos existenciais

Ninguém atinge o acume de um monte sem haver superado as dificuldades iniciais das baixadas. Vencida uma etapa, mais fácil torna-se o avanço na direção de outra até ser conseguido o objetivo buscado.

A verdadeira saúde psicológica não anui com a precipitação nem com o destemor, que pode parecer heroísmo. Quase todos triunfadores viveram momentos de medo e de perplexidade antes de alcançarem o êxito que ora coroa as suas existências.

Nesse sentido, a prática das boas ações oferece encorajamento para realizações mais amplas nos relacionamentos interpessoais, na convivência social e no amadurecimento da realidade pessoal.

Sempre quando alguém se predispõe a auxiliar, experimenta forte empatia, que resulta de contínuas descargas de adrenalina estimuladora que encoraja para novas realizações e bloqueia os temores infundados.

Quando surge essa disposição real para superar as fugas psicológicas, conscientes ou não, automaticamente desenvolvem-se os sentimentos íntimos, proporcionando bem-estar e alegria de viver.

Torna-se um tormento a manutenção das fugas emocionais, o escamoteamento da própria realidade, mascarando o ser de júbilos que não existem e de satisfações que são irreais.

Assumir, portanto, as próprias dificuldades constitui um dos passos necessários para superá-las.

Como todos os indivíduos são seres humanos em processo de crescimento, em conserto, na trajetória carnal, porque ainda portadores de imperfeições de vários tipos, a aceitação de si mesmo conforme se encontra é recurso valioso para a compreensão dos limites que caracterizam os demais, tornando-os tolerantes em relação às faltas alheias, em face das próprias condições agora conhecidas. A culpa transforma-se em autoperdão, o medo faz-se estímulo para o avanço contínuo e as incertezas convertem--se em convicções em torno da própria vitória: a saúde integral!

2
PREGUIÇA

FATORES CAUSAIS DA PREGUIÇA
TRANSTORNOS GERADOS PELA PREGUIÇA
TERAPIA PARA A PREGUIÇA

FATORES CAUSAIS DA PREGUIÇA

A preguiça, ou propensão para a inatividade, para não trabalhar, também conhecida como lentidão para executar qualquer tarefa, ou caracterizada como negligência, moleza, tardança, é desvio de conduta, que merece maior consideração do que aquela que lhe tem sido oferecida.

Surge naturalmente, expressando-se como efeito de algum tipo de cansaço ou mesmo necessidade de repouso, de recomposição das forças e do entusiasmo para a luta existencial.

Todavia, quando se torna prolongado o período reservado para o refazimento das energias, optando-se pela comodidade que se nega às atitudes indispensáveis ao progresso, apresenta-se como fenômeno anômalo de conduta.

É normal a aspiração por conforto e descanso, no entanto, não são poucos os indivíduos que se lhes entregam, sem que apliquem esforço físico ou moral pelo conseguir.

A preguiça pode expressar-se de maneira tranquila, quando o paciente se permite muitas horas de sono, permanência prolongada no leito, mesmo após haver dormido, cortinas cerradas e ambiente de sombras, sem que o tempo seja aproveitado de maneira correta para leituras, reflexões e preces.

Não perturba os demais, igualmente não se predispõe ao equilíbrio nem à ação.

Lentamente, essa conduta faz-se enfermiça, gerando conflitos psicológicos ou deles sendo resultante, em face das ideias perturbadoras de que não se é pessoa de valor, de que nada lhe acontece de favorável, de que não tem merecimento nem os demais lhe oferecem consideração.

Esse tormento, que se avoluma, transforma-se em pessimismo que propele, cada vez mais, a situações de negatividade e de ressentimento.

Pode também transformar-se em mecanismo de autodestruição, em face da crescente ausência de aceitação de si mesmo, perdendo o necessário contributo da autoestima para uma existência saudável.

A pessoa assume posição retraída e silenciosa, evitando qualquer tipo de estímulo que a possa arrancar da constrição a que se submete espontaneamente.

Danosa, torna os membros lassos, a mente lenta no raciocínio, apresentando, após algum tempo, distúrbios de linguagem e de locomoção.

Sob outro aspecto, pode apresentar-se como perda do entusiasmo pela vida, ausência de motivação para realizar qualquer esforço dignificante ou algum tipo de ação estimuladora.

Conflitos existenciais

O seu centro de atividade é o *ego*, que somente se considera a si mesmo, evitando espraiar-se em direção das demais pessoas, em cuja convivência poderia haurir entusiasmo e alegria, retomando o arado que sulcaria o solo dos sentimentos para a plantação da boa vontade e do bem-estar.

A avaliação feita pelo indivíduo nesse estágio é sempre deprimente, porque não tem capacidade de ver as conquistas encorajadoras que já foram realizadas nem as possibilidades quase infinitas de crescimento e de edificação. O tédio domina-lhe as paisagens íntimas e a falta de ideal reflete-se-lhe na indiferença com que encara quaisquer acontecimentos que, noutras circunstâncias, constituiriam emulação para novas atividades.

Esse desinteresse surge, quase sempre, da falta de horizontes mentais mais amplos, da aceitação de antolhos idealistas que impedem a visão profunda e complexa das coisas e das formulações espirituais, limitando o campo de observação, cada vez mais estreito, que perde o colorido e a luminosidade.

Em outra situação, pode resultar de algum choque emocional não digerido conscientemente, no qual o ressentimento tomou conta da área mental, considerando-se pessoa desprestigiada ou perseguida, cuja contribuição para o desenvolvimento geral foi recusada.

Normalmente, aquele que assim se comporta é vítima de elevado egotismo, que somente sente-se bem quando do se vê em destaque, embora não dispondo dos recursos hábeis para as ações que deve desempenhar.

Detectando-se incapacitado, refugia-se na inveja e na acusação aos demais, negando-se a oportunidade de recuperação interior, a fim de enfrentar os embates que são perfeitamente naturais em todos e quaisquer empreendimentos.

O desinteresse é uma forma de morte do idealismo, em razão da falta de sustentação estimuladora para continuar vicejando.

Pode-se, ainda, identificar outra maneira em que se escora a preguiça para continuar afligindo as pessoas desavisadas. É aquela na qual o isolamento apresenta-se como uma vingança contra a sociedade, não desejando envolver-se com nada ou ninguém, distanciando-se, cada vez mais, de tudo quanto diz respeito ao grupo familiar, social, espiritual.

Normalmente, esse comportamento é fruto de alguma injustificada decepção, decorrente do excesso de autojulgamento superior, que os outros não puderam confirmar ou não se submeteram ao seu desplante.

Gerando grande dose de ressentimento, não há como esclarecer-se ao indivíduo, na postura a que se entrega, mantendo raiva e desejo de destruição de tudo quanto lhe parece ameaçar a conduta enfermiça.

Do ponto de vista espiritual, o paciente da preguiça, que se pode tornar crônica, ainda se encontra em faixa primária de desenvolvimento, sem resistências morais para as lutas nem valores pessoais para os desafios.

Diante de qualquer impedimento recua, acusando aos outros ou a si mesmo afligindo, no que se compraz, para fugir à responsabilidade que não deseja assumir.

A preguiça prolongada pode expressar também uma síndrome de depressão, mediante a qual se instalam os distúrbios de comportamento afetivo e social, gerando profundos desconfortos e ansiedade.

Conflitos existenciais

TRANSTORNOS GERADOS PELA PREGUIÇA

A entrega à ociosidade torna débil o caráter do paciente, impedindo-o de realizar qualquer esforço em favor da recuperação.

Sentindo-se bem, de certa forma patologicamente, com a falta de atividade, a tendência é ficar inútil, tornando-se um pesado fardo para a família e a sociedade. Em relação a qualquer um dos motivos que desencadeiam a preguiça, conforme referidos, a baixa estima e a fuga psicológica são os fatores predominantes nesse comportamento doentio.

O corpo é instrumento do Espírito, que necessita de exercício, de movimentação, de atividade, a fim de preservar a própria estrutura. Enquanto o Espírito exige reflexões, pensamentos edificantes contínuos para nutrir-se de energia saudável, o corpo impõe outros deveres, a fim de realizar o mister para o qual foi elaborado. A indolência paralisadora pela falta de ação conduz à flacidez muscular, à perda de movimentação, às dificuldades respiratórias, digestivas, num quadro doentio que tende a piorar cada vez mais, caso não haja uma reação positiva.

Em razão do pessimismo que se assenhoreia do enfermo, a sua convivência faz-se difícil e o seu isolamento mais o atormenta, porque a autolamentação passa a constituir-lhe uma ideia fixa, culpando, também, as demais pessoas por não se interessarem pelo seu quadro, nem procurarem auxiliá-lo, o que equivale a dizer, ficarem inúteis também ao seu lado, auxiliando-o na autocomiseração que experimenta.

Em realidade, não está pedindo ou desejando ajuda real, antes se apresenta reclamando da sua falta para melhor comprazer-se na situação a que se entrega espontaneamente.

A existência, na Terra, é constituída por contínuos desafios, que sempre estão estimulando à conquista de novas experiências, ao desenvolvimento das aptidões adormecidas, ao destemor e à coragem, em contínuas atividades enriquecedoras.

A mente não exercitada em pensamentos saudáveis, descamba para o entorpecimento ou para o cultivo de ideias destrutivas, vulgares, insensatas, que sempre agravam a conduta perniciosa.

Pensar é bênção, auxiliando a capacidade do raciocínio, a fim de poder elaborar projetos e propostas que mantenham o entusiasmo e a alegria de viver.

Concomitantemente, surge, vez que outra, alguma lucidez, e o paciente critica-se por não dispor de forças para modificar a situação em que se encontra, desanimando ainda mais, por acreditar na impossibilidade da reabilitação.

Faz-se um círculo vicioso: o paciente não dispõe de energias para lutar e nega-se à luta por acreditar na inutilidade do esforço.

Outras vezes, oculta-se no mau humor, tornando-se ofensivo contra aqueles que o convidam à mudança de alternativa, explicando-lhe tudo depende exclusivamente dele, já que ninguém lhe pode tomar a medicação de que somente ele necessita.

A destreza, o esforço, a habilidade, em qualquer área, são decorrentes das tentativas exitosas ou fracassadas a que o indivíduo permite-se, resultando da repetição sem enfado nem queixa para a conquista e a realização pessoal.

Conflitos existenciais

Na preguiça ocorrem uma adaptação à inutilidade e uma castração psicológica de referência aos tentames libertadores.

O paciente, nesse caso, prefere ser lamentado a receber amor, experimentar compaixão a ter o companheirismo estimulante, permanecer em solidão a experienciar uma convivência agradável.

Armado contra os recursos alternativos da saúde, foge daqueles que o desejam auxiliar infundindo-lhe ânimo, e quando é surpreendido por alguma orientação, logo reage com violência intempestiva, afirmando: *Você não sabe o que eu sinto e certamente não acredita no que se passa no meu mundo íntimo... Pensa que estou fingindo.*

Certamente, o outro não conhece o transtorno que se opera no enfermo, mas sabe que o esforço desprendido poderá contribuir eficazmente para alterar a situação em que se encontra.

A partir de então, o amigo e candidato ao auxílio torna-se evitado, é tido como adversário, censor, perturbador da sua paz, como se a indolência algo tivesse a ver com tranquilidade e harmonia íntima...

A quase total insensibilidade em relação a si mesmo, à sua recuperação e ao sofrimento que ocasiona à família, que se desestrutura, complica mais o quadro, porque bloqueia o discernimento em torno dos próprios deveres, transferindo para o próximo as responsabilidades que lhe pesam na consciência e as tarefas que devem ser desempenhadas em seu benefício.

A preguiça mina a autoconfiança e destrói as possibilidades de pronta recuperação.

Joanna de Ângelis / Divaldo Franco

É natural que atraia Espíritos ociosos, que se comprazem no banquete das energias animais do paciente, telementalizado e conduzido às fases mais graves, de forma que prossiga vampirizado.

Os centros vitais da emoção e do comportamento são explorados por essas Entidades infelizes, e decompõem-se, funcionando com irregularidade, destrambelhando a organização somática, já que a psíquica e os sentimentos estão seriamente afetados.

TERAPIA PARA A PREGUIÇA

Às vezes, o paciente pode receber alguma inspiração superior e interrogar-se: – *Por que estou sofrendo desnecessariamente? Até quando suportarei esta situação deplorável?* Isto constitui um despertar terapêutico para a mudança de conduta, sempre a depender do próprio paciente.

Começam a surgir-lhe a vergonha pelo estado em que se encontra, o constrangimento pela inutilidade existencial, dando início ao labor de renovação íntima e ao desejo de reconquistar a saúde, assim como o bem-estar, sem mecanismos escapistas ou perturbadores.

Surgem, então, os pródromos do equilíbrio emocional, o natural desejo pela recuperação, passando a ver a preguiça como algo enfadonho e monótono, irritante e sem sentido, causador de aflições desnecessárias, porquanto nada de útil dela pode ser retirado.

Esse processo inicial de vê-la conforme é proporciona estímulos para a mudança de comportamento, a aceitação de novos exercícios de despertamento, liberando grande quantidade de energia armazenada, que se encontrava impedida de funcionar em razão dos mecanismos de fuga da realidade.

O próximo passo é a destruição da identidade de preguiçoso, de doente ou inútil, experimentando a alegria que decorre do ato de servir, dos instrumentos ativos para a produção de tudo quanto signifique realização pessoal. Em seguida, caem os antolhos que dificultam a visão global da vida, o *ego* cede lugar à necessidade de convivência e de compreensão fraternal, abrindo espaços emocional e mental para mais audaciosas realizações.

Certamente, não se trata de uma simples resolução com efeitos imediatos, miraculosos, que não existem, porque após largo período de ociosidade, todo o organismo emocional e físico encontra-se com limites impostos pela lassidão.

É necessário que as leituras edificantes passem a influenciar os painéis mentais, e as velhas histórias de autocompaixão a que se estava acostumado, fazendo parte do cardápio existencial, cedam lugar aos estímulos da boa convivência social e afetiva, motivando aos avanços constantes.

Nesse sentido, a oração e a bioenergia oferecem recursos inestimáveis, ao lado de uma psicoterapia baseada em labores bem-direcionados, a fim de que o paciente volte ao mundo real com nova disposição, encontrando estímulos para prosseguir no próprio trabalho realizado.

A atividade bem-dirigida constitui lubrificante eficaz nos mecanismos orgânicos e nos implementos mentais, estimulando as emoções agradáveis de modo que se consiga a saúde integral.

3
RAIVA

RAIVA E PRIMARISMO
RAIVA E TRANSTORNO EMOCIONAL
TERAPIA PARA A RAIVA

RAIVA E PRIMARISMO

A raiva é um sentimento que se exterioriza toda vez que o *ego* sente-se ferido, liberando esse abominável adversário que destrói a paz no indivíduo.

Instala-se inesperadamente, em face de qualquer conflito expresso ou oculto, desferindo golpes violentos de injúria e de agressividade.

Inerente a todos os animais, no ser humano, porque portador de vontade e discernimento, é responsável por transtornos que conseguem obscurecer-lhe a razão e perturbar-lhe o equilíbrio, produzindo danos emocionais de pequeno ou grande alcance, a depender da extensão e da profundidade de que se reveste.

Quando existe a primazia dos instintos agressivos, na contextura do ser, este, diante de qualquer ocorrência desagradável, real ou imaginária, rebolca-se na situação danosa, em agitação inconsequente, cujos resultados são sempre lamentáveis, quando não funestos.

Predominando nele o instinto de arbitrária dominação, em falsa postura de superioridade, percebendo a fragilidade dessa conduta e a impossibilidade de impor-se, porque não considerado quanto gostaria, recorre ao mecanismo psicológico da raiva para exteriorizar a violência ancestral que lhe dorme no íntimo.

À semelhança de um incêndio que pode começar numa fagulha e trazer prejuízos incalculáveis pela sua extensão, a raiva também pode ser ateada por uma simples insinuação de pequena monta, transformando-se em vulcão de cólera destruidora, que avassala.

Há indivíduos especialmente dotados da facilidade de enraivecer-se, que alternam essa emoção com a psicastenia – palavra cunhada por C. G. Jung, como uma fraqueza psíquica responsável por um estado de astenia psíquica constitucional, com forte tendência para a depressão, o medo, a incapacidade de suportar desafios e dificuldades mentais...

A raiva produz uma elevada descarga de adrenalina e cortisol no sistema circulatório, alcançando o sistema nervoso central, que se agita, produzindo ansiedade e mantendo o sangue na parte superior do corpo, no que resultam diversos prejuízos para as organizações física, emocional e psíquica.

Repetindo-se com frequência, produz o endurecimento das artérias e predispõe a vários distúrbios orgânicos...

De alguma forma, a raiva é um mecanismo de defesa do instinto de conservação da vida, que se opõe a qualquer ocorrência que interpreta como agressão, reagindo, de imediato, quando deveria agir de maneira racional. Porque tolda a faculdade de discernir, irrompe, desastrosa, assina-

Conflitos existenciais

lando a sua passagem por desconforto, cansaço e amolentamento das forças, logo cessa o seu furor...

O animal selvagem, quando perseguido ou esfaimado ataca, para logo acalmar-se, conseguido o seu objetivo.

O ser humano, além dessa conduta, agride antes, por medo de ser agredido, aumentando a gravidade de qualquer ato sob a coerção do pânico que se lhe instala de momento, ante situações que considera perigosas, evitando racionalizar a atitude, antes parecendo comprazer-se nela, sustentando a sua superioridade sobre o outro, aquele a quem atribui o perigo que lhe ronda.

O seu processo de evolução do pensamento e da consciência, porque estacionado nos remanescentes do período egocêntrico, ora transformado em egoico, estimula esse comportamento inoportuno e prejudicial, cujos efeitos danosos logo serão sentidos em toda a sua extensão.

O círculo da raiva é vicioso, porque o indivíduo adapta-se a essa injunção, passando a gerar um comportamento agressivo, quando não vivenciando uma postura contínua de mau humor.

Essa raiva inditosa é resultado de pequenas frustrações e contínuas castrações psicológicas, muitas vezes iniciada na constelação familiar, quando pais rigorosos e imprudentes, violentos e injustos, assumem postura coercitiva em relação aos filhos, impondo-se-lhes, sem a possibilidade de diálogos esclarecedores.

Lentamente vão-se acumulando esses estados de amargura pela falta de oportunidade de defesa ou de justificação, que se convertem em revolta surda, explodindo, indevidamente, quando já se faz uma carga muito pesada na conduta.

Por natural necessidade de afirmação da personalidade, a criança é teimosa, especialmente por falta de discernimento, por necessidade de adquirir experiências, gerando atrito com os pais e familiares mais velhos, que nem sempre estão dispostos a conversar com esclarecimentos ou sabem como equacionar esses conflitos do desenvolvimento intelectual e emocional do educando.

Exigem silêncio, respeito, não permitindo as discussões francas e próprias para os esclarecimentos que se tornam necessários ao entendimento das situações existenciais e das possibilidades de ação, no que é ou não concernente a cada um cumprir.

Também ocorre quando são genitores descuidados que não se interessam pelos problemas da prole, causando-lhe um fundo ressentimento, a princípio inconsciente, para desbordar em raiva acumulada.

Outras vezes, como resultado da timidez, o indivíduo refugia-se na raiva, e porque não a pode expressar, foge para transtornos profundos que o maceram.

A falta de conhecimento das próprias debilidades emocionais faz que não disponha de equilíbrio para enfrentamentos, competições, discussões, derrapando facilmente no comportamento infeliz da raiva.

Acidentes automobilísticos, em grande número, são resultado da raiva malcontida de condutores que não se conformam quando outrem deseja ultrapassá-los na rodovia, nas ruas e avenidas, embora estivessem viajando em marcha reduzida. Sentindo-se subestimado pelo outro – raciocínio muito pessoal e sem fundamento –, em vez de cederem a passagem, quando observam que o outro veículo se lhes emparelha, aceleram e avançam ambos, raivosos, até

Conflitos existenciais

o surgimento de um terceiro em sentido oposto, obede-
cendo, porém, as regras, no que se transforma em tragédia.
Bastasse um pouco de bom-tom, de serenidade, para
cooperarem um com o outro, e tudo seria resolvido sem
qualquer dano.

Durante os desportos, na política, na religião, na
arte, participando ou acompanhando-os, não admitem esses aficionados a vitória do outro, a quem consideram adversário, quando é somente competidor, enraivecendo-se e
dando lugar a situações graves, muitas vezes redundando
em crimes absurdos.

A raiva é choque violento que abala profundamente o
ser humano, deixando rastros de desalento e de infelicidade.

Ela está habitualmente presente nos debates domés-
ticos, quando os parceiros não admitem ser admoestados
ou convidados à reflexão por atitudes incompatíveis com
a própria afetividade ou decorrentes de situações que surgem, necessárias para os esclarecimentos que facultem a
melhora de conduta.

Em vez da análise tranquila do fenômeno, a tirania
do _ego_ exalta-o, o instinto de predominância do mais forte
ressuma e a pessoa acredita que está sendo diminuída, cri-
ticada, passando a reagir antes de ouvir, a defender-se antes
da acusação, partindo para a agressão desnecessária, de que
sempre se arrepende depois.

RAIVA E TRANSTORNO EMOCIONAL

A raiva tem duas vertentes de procedência: a primeira, mais remota, que é de natureza espiritual, originária em

Joanna de Ângelis / Divaldo Franco

existência pregressa do Espírito, quando, mais soberbo e primário, impôs-se onde se encontrava, desenvolvendo sentimentos de opressão e de desrespeito aos direitos alheios, sempre desconsiderados; a segunda, de procedência atual, isto é, da existência presente, quando fatores temperamentais, educacionais, socioeconômicos empurraram-no à situação penosa geradora de conflitos.

No primeiro caso, existe um conflito ancestral, que se encontra ínsito como culpa, armando-o para constante alerta, em mecanismo de autodefesa. O inconsciente impõe-lhe a tese falsa de que o mundo é-lhe hostil e as pessoas encontram-se equipadas de valores para submetê-lo ao seu talante.

No segundo caso, origina-se uma especial disposição para a instalação do conflito de insegurança psicológica desencadeador da raiva.

Quando ocorre qualquer fato que não é entendido de imediato, sentindo-se incapaz de autopromover-se ou acreditando-se espezinhado, o complexo de inferioridade empurra-o para as atitudes grotescas e agressivas.

De bom alvitre, portanto, como terapia preventiva, manter-se o equilíbrio possível diante de qualquer acontecimento novo, inesperado, procurando entendê-lo antes que permanecer na defensiva, como se as demais pessoas se lhe estivessem agredindo, fossem-lhe adversárias e todo o mundo se lhe opusesse.

O acumular das pequenas raivas não liberadas termina por infelicitar o ser, afligindo-o emocionalmente e levando-o especialmente a transtornos depressivos, pela falta de objetivo existencial, por desinteresse de prosseguir

Conflitos existenciais

na luta, fixando-se com revolta nas ocorrências que considera inditosas em relação a si mesmo.

Não poucas vezes, parceiros que sobrevivem no fluxo da existência corporal em relação ao outro que desencarnou, acumulam raivas que se tornam ressentimentos, por não as haverem liberado quando se apresentaram em forma de frustrações e desagrados enquanto na convivência deles.

Havendo a morte interrompido o ciclo da experiência física, aquele que permanece no corpo sente-se lesado, por haver sofrido sem necessidade, conforme supõe, por descobrir infidelidades que ignorava, por despertar do letargo que a união lhe impôs, passando a viver de ressentimentos profundos...

Sob outro aspecto, o *ego* exaltado rememora os momentos felizes e enraivece-se ante o fato de haver sido muito amado e encontrar-se agora a sós, como se a morte houvesse resultado da opção do outro.

Nos suicídios, aqueles que ficam, em vez de compadecer-se dos infelizes que optaram pela fuga, antes são dominados pela raiva de se sentirem culpados ou não amados, ou não consultados antes do gesto, ruminando mágoas que se acumulam e terminam por intoxicá-los frequentemente.

A raiva tem o condão infeliz de envilecer o sentimento da criatura humana.

A sua constância responde por destrambelhos do sistema nervoso central, por disfunções de algumas das glândulas de secreção endócrina, por diversos problemas do aparelho digestivo e pelo irregular comportamento psicológico.

Quando isso ocorre, invariavelmente surgem as somatizações que terminam, quando não tratadas cuidadosamente, em processos degenerativos de alguns órgãos.

A culpa inconsciente domina grande número de criaturas humanas durante o seu trânsito carnal.

Liberada pelo inconsciente profundo, o paciente considera que será punido e, quando isso não ocorre, assume uma das seguintes posturas:

a) Autopune-se, negando-se a alegria de viver, fugindo de quaisquer recursos que podem torná-lo mais feliz, impedindo-se de relacionamentos afáveis, por acreditar não os merecer.

b) Arma-se de agressividade para evitar aproximações ou para considerar-se vítima contínua dos artifícios maléficos da Humanidade, conforme justifica-se.

Enquanto o *Self* não seja conscientizado da necessidade de autoconhecimento, mediante o qual lhe será possível a identificação da culpa nos seus arcanos, e proponha-se a autoestima, o autorrespeito, a autoconsideração, ela vicejará cruel, disfarçada de ciúme – insegurança e autodesvalorização –, de infelicidade – complexo de inferioridade –, de inveja – mesquinhez do caráter –, de autopunição – tormento masoquista –, ensejando que a raiva seja a companheira constante do comportamento arbitrário.

Tensões desnecessárias invadem o sistema emocional, como já referido, gerando desgaste improcedente, através do qual mais facilmente se instalam os distúrbios de comportamento, como fenômeno catártico que não pode mais ser postergado.

A raiva é um sentimento de desajuste da emotividade, que merece contínua vigilância, a fim de que não se transforme em uma segunda natureza na conduta do indivíduo.

Na raiz psicológica do sentimento de raiva existe um tipo qualquer de medo inconsciente que a desencadeia, le-

Conflitos existenciais

vando o indivíduo a atacar antes de ser agredido, o que o torna, invariavelmente, violento e descompensado na emoção.

De alguma forma, a insegurança do próprio valor e o temor de ser ultrapassado predispõem à postura armada contra tudo e todos, como se essa fosse a melhor maneira de poupar-se a sofrimentos e a desafios perturbadores.

Por consequência, os instintos primários predominam orientando as decisões, quando estas deveriam ser controladas pela razão, que sempre discerne qual a melhor postura a assumir-se.

TERAPIA PARA A RAIVA

O ser humano processa o seu desenvolvimento intelecto-moral passo a passo, sem os saltos de largas conquistas. Superada uma etapa do processo antropossociopsicológico, surge outra igualmente desafiadora, que a experiência adquirida anteriormente lhe faculta superar.

Algumas vezes é natural que se equivoque, a fim de reiniciar o mecanismo autoiluminativo sem qualquer trauma ou desconforto, desde que a meta é o bem-estar, a conquista da harmonia.

A incidência da raiva, portanto, é perfeitamente normal, tornando-se grave a não capacidade de administrá-la.

De bom alvitre, sempre que invadido pelo desequilíbrio dessa natureza, o paciente reserve-se a coragem de adiar decisões, de responder para esclarecer, de discutir em nome da autodefesa, porquanto, invariavelmente, o *ego* ferido precipita-o em postura inadequada de que se arrependerá de imediato ou mais tarde.

Joanna de Ângelis / Divaldo Franco

O silêncio diante de circunstância perturbadora, não se permitindo a invasão dos petardos mentais desferidos pelo opositor, constitui recurso imprescindível para evitar o tombo na irritação e seus consequentes danos.

O hábito, que deve ser cultivado, de considerar-se pessoa portadora de virtudes e de deficiências plausíveis de corrigenda, estando sujeita às variações do humor e de comportamento, susceptível de contrariedades, distonias, predispõe à vigilância. Se advertido, ouvir com atenção e avaliar a proposta apresentada, mesmo quando de maneira agressiva ou indelicada. Quando útil, incorporá-la como medida de sabedoria que lhe será valiosa, e identificando sub-repticiamente sentimentos negativos por parte do outro, não lhe atribuir qualquer valor ou significado.

O exercício da paciência auxilia a aceitar a vulnerabilidade de que se é constituído, não ampliando a irrupção da raiva quando ocorrer.

Tornando-se contínua, como resultado de estresse e de ansiedade, de insegurança e de medo mórbido, faz-se indispensável uma terapia psicológica, de modo a ser detectada a causa desencadeadora do fenômeno perturbador, que tende a agravar-se quando não cuidado de forma adequada.

A psicoterapia cuidadosa remontará a conflitos adormecidos no inconsciente, que tiveram origem no período infantil ou durante a adolescência, quando as circunstâncias induziam à aceitação de situações penosas, sem o direito de explicação ou de justificação. As pequenas contrariedades acumularam-se, e porque não diluídas conforme deveriam, explodem quando algo proporciona aumento de volume à carga existente, fazendo-a insuportável.

Conflitos existenciais

Ao mesmo tempo, a terapia da prece e da meditação constitui salutar recurso para o controle das emoções, reabastecimento de energias vigorosas que se encarregam de asserenar o sistema nervoso central, impedindo ou diminuindo a incidência da ira.

As boas leituras também funcionam como procedimento terapêutico de excelente qualidade, por enriquecerem a mente com ideias otimistas, substituindo muitos dos clichês psíquicos viciosos que induzem a comportamentos insanos.

Em face dos recursos que se podem haurir na bioenergia, a sua aplicação, nos pacientes susceptíveis à raiva e à sua coorte de distúrbios da emoção, é de inadiável importância, destacando-se o concurso de pessoas abnegadas e saudáveis física e moralmente, como portadoras da doação.

Jesus utilizava-se do denominado toque curador, descarregando naqueles que O buscavam as sublimes energias de que era portador. Nada obstante, mediante a sua vontade, penetrava na problemática dos pacientes antes que Lhe narrassem as aflições de que eram vítimas, liberando-os com o Seu psiquismo superior.

Desde a expulsão dos Espíritos imundos que faziam estorcegar as suas vítimas em processos de aparente epilepsia ou de esquizofrenia, à recuperação de morte simulada por catalepsia, de hemorragia, de cegueira, surdez, mudez, dilacerações orgânicas, até as mais graves ocorrências a distância, utilizando-se do incomparável poder de que se fazia possuidor.

Embora a imensa distância moral que medeia entre Ele e os Seus modernos discípulos, todos são possuidores de preciosas energias que dimanam do Pai, algumas das quais se encontram ínsitas neles mesmos, ou as recebem mediante a interferência dos nobres condutores espirituais da Humanidade.

Por fim, o autocontrole que cada qual deve manter em relação às suas reações emocionais de qualquer natureza, disciplinando a vontade, educando os sentimentos e adaptando-se a novos hábitos saudáveis, imprescindíveis a uma existência rica de saúde.

4
MEDO

PSICOPATOLOGIA DO MEDO
DIFERENTES MANIFESTAÇÕES DO MEDO
ERRADICAÇÃO DO MEDO

PSICOPATOLOGIA DO MEDO

A herança da culpa no inconsciente humano responde por inúmeros desequilíbrios que dela se desdobram, mascarando-se de variadas expressões que se tornam fenômeno inevitável no processo para aquisição de superior *nível de consciência.*

Após vencer o estágio da consciência de sono, o Espírito reencarnado descobre a paisagem fascinante e quase infinita que faz parte da sua existência corporal, proporcionando-lhe mais amplas aspirações de crescimento, com vistas a alcançar o elevado nível de consciência cósmica.

Os erros e crimes praticados durante a fase inicial de conquista da razão e do discernimento, em face do despertar da consciência, ressumam dos arquivos profundos do *Self* e reaparecem na personalidade com imposição constrangedora.

Não poucas vezes torna-se inevitável a instalação mortificadora da consciência de culpa que inconscientemente induz ao medo.

Trata-se de um medo absurdo, que se transforma em transtorno de comportamento, agravado pela natural aceitação do paciente, que o aumenta em face da insegurança emocional, tornando-se, não raro, uma patologia que pode desencadear síndromes do pânico ou transtornos depressivos graves.

Quando se apresenta em comportamentos assinalados pela timidez, há uma natural tendência para a alienação ao convívio social, isolando-se e ruminando pensamentos pessimistas em relação a si mesmo e aos demais, ou transformando o sentimento em raiva malcontida que empurra para pavores imprevisíveis.

Todos são vítimas do medo em relação ao desconhecido como ocorrência normal.

Quando se aguarda a concretização de algo ambicionado, é natural que ocorram dúvidas em forma de medo da sua não viabilidade; quando alguém se afeiçoa por outrem, ocorre o medo de não ser correspondido; em face da instabilidade dos fenômenos existenciais, o medo ocupa um lugar de destaque, assim como ocorre com outros sentimentos. Todavia, quando extrapola, gerando situações conflitivas, dando largas à imaginação atormentada, propiciando ansiedade, sudorese, arritmia cardíaca, identifica-se de imediato um pavor que assoma e ameaça a estabilidade emocional.

Em tal circunstância, instala-se o transtorno fóbico na condição de gigante opressor, que a cada dia mais temível se torna, violentando a lógica e gerando outros distúrbios no comportamento dos indivíduos.

Psicologicamente, o medo condicionado, que é resultado de um processo de acúmulo desse fenômeno, desde que associado a qualquer estímulo do meio, quase sempre de natureza neutra, responde ao estímulo. Quase sempre cultivado, deveria ser racionalizado, a fim de inutilizar-se-lhe a procedência para constatar que tem origem maior na imaginação receosa e não em fator real de desequilíbrio e de prevenção de perigo. Pode-se afirmar que existem fatores endógenos e exógenos que respondem pela presença do medo.

No primeiro caso, os comportamentos infelizes de reencarnações anteriores imprimem-no nos refolhos do perispírito que, por sua vez, instala no inconsciente profundo as matrizes do receio de ser identificado, descoberto como autor dos danos que foram produzidos noutrem e procurou ignorar, mascarando-se de inocente. Nesse sentido, podemos incluir as perturbações de natureza espiritual, em forma de sutis obsessões, consequências daqueles atos inditosos que ficaram sem regularização no passado.

No segundo caso, as atitudes educacionais no lar, os relacionamentos familiares agressivos, o desrespeito pela identidade infantil, as narrativas apavorantes nas quais muitos adultos se comprazem, atemorizando crianças; os comportamentos agressivos das pessoas, desenvolvem medos que adquirem volume à medida que o crescimento mental e emocional amplia a capacidade de conduta do educando.

Ao mesmo tempo, os apavorantes fenômenos sísmicos que periodicamente varrem o planeta, ceifando vidas, destruindo cidades e ameaçando outras, o virulento terrorismo político internacional, a violência urbana, as injustiças sociais profundas, a competição perversa pela projeção no mundo dos negócios, dos divertimentos, do poder de qualquer natureza, produzem medo naqueles cuja constituição emocional, perturbada desde a infância pelos temores que lhe foram infundidos, desborda-se em pavores inquietantes.

A impotência do ser humano diante dos fenômenos da Natureza e a quase indiferença de algumas autoridades do mundo em relação aos seus governados geram medo de cada qual ser a próxima vítima, refugiando-se no silêncio e no temor que assalta ameaçador.

Grande parte do noticiário da mídia (lixo) que se compraz em exaltar o esdrúxulo, o agressivo ao contexto social, o crime, contribui dessa forma para a alucinação de alguns enfermos perversos que se sentem estimulados à prática de arbitrariedades, assim como desenvolve o medo da convivência, do relacionamento com outros indivíduos, sempre vistos como futuros agressores.

Esses medos sempre impedem o repouso, desencadeiam mais imaginativos receios, e mesmo quando apoiados em ocorrências reais, aumentam de intensidade, tornando-se quase insuportáveis.

Atormentam a vida e não evitam que ocorram os fenômenos desagradáveis, que se tenta evitar sem uma pedagogia apropriada.

É como se aquilo que mais se teme sempre acontecesse, exatamente por estar registrada no cerne do ser a necessidade dessa experiência para vir a ser vivenciada, para contribuir eficazmente em favor do amadurecimento psicológico, do crescimento cultural, da realização pessoal.

Caminhos não percorridos prosseguem sempre como incógnitas desafiadoras.

Nos tormentosos fenômenos de obsessão espiritual, a indução telepática do perseguidor faz que o vitimado ressinta-se de tudo quanto à sua volta possa trabalhar pela sua recuperação, pela reconquista da saúde e do equilíbrio. Teleguiado pelo adversário invisível, experimenta o desconforto que se deriva do medo que lhe é infligido, adotando conduta estranha, doentia...

De maneira idêntica ocorre quando se está preocupado em demasia com a realização de um projeto muito importante ou de uma programação qualquer que se apresente como relevante, o cansaço, a não renovação do entusiasmo desencadeiam o medo de não ser bem-sucedido, passando-se a adotar essa postura desastrosa.

DIFERENTES MANIFESTAÇÕES DO MEDO

Embora inconsciente, o medo da morte predomina na natureza humana, como se ele traduzisse o pavor do aniquilamento da vida.

Disso resultante, apresentam-se os inumeráveis medos: da perda de emprego, de objetos valiosos ou de grande estima, de afeições compensadoras, da confiança nos demais, de amar...

O medo do desconhecido, do escuro, de altura, de pessoas, de multidões, de animais e insetos, que se apresentam como condutas fóbicas, são outros desafios perturbadores.

Acrescente-se a esses o medo de adoecer, de sofrer, de morrer...

Cultivados esses sentimentos, a existência torna-se um contínuo sofrimento, exatamente o que o indivíduo muito teme.

Assumisse-se, no entanto, a atitude do amor e constatar-se-ia que ele é o grande eliminador de qualquer expressão de receio e inquietação, porque oferece resistência moral para os enfrentamentos, para os fenômenos que fazem parte do processo de evolução.

Transitando-se num corpo de constituição molecular que se altera a cada segundo, no qual as mudanças processam-se continuamente, não há como adquirir-se estrutura de permanência, exceto quando o *Self* assume o comando consciente das funções orgânicas que lhe dizem respeito conduzir.

Mesmo em referência aos automatismos fisiológicos e psicológicos, que aparentemente independem da vontade, esta exerce tal predomínio na organização celular que, bem-direcionada, pode gerar novos condicionamentos, sobre os quais se podem estruturar hábitos de saúde e de bem-estar.

A mente indisciplinada e invigilante, não se habilitando a planificações profundas e de alto significado em torno dos ideais da beleza, do conhecimento, da religião, da investigação científica, da solidariedade humana, tende a cultivar os pavores que se lhe transformam em verdadeira paisagem de apresentação masoquista.

Perdem-se as excelentes oportunidades de viver-se integralmente o momento existencial com as suas dádivas, mesmo algumas que fazem parte do processo humano de evolução, receando o que possa acontecer no futuro e que,

Conflitos existenciais

certamente, não sucederá, ou que assim sendo, nunca se apresentará conforme se pensou.

As conjunturas nas quais se manifestam os mais diversos fenômenos da vida definem-lhes a profundidade, o valor que lhes devem ser atribuídos, os efeitos que ficam. No caleidoscópio das mudanças biológicas e emocionais, cada ocorrência expressa-se de maneira muito própria, variando de um para outro indivíduo, tendo em vista a sua constituição emocional.

Eis por que nunca se deve ou se pode avaliar com segurança como seria enfrentada uma situação calamitosa num paralelo pela forma como outrem a tem suportado.

O momento é sempre o grande definidor de forças.

Pessoas frágeis e amorosas conseguem superar situações desastrosas com uma coragem e fé surpreendentes, enquanto outras consideradas fortes e resistentes baqueiam diante de sucessos de pequena monta.

Nutrindo-se de autoconfiança pela valorização das próprias energias, podem-se desmascarar os medos que se apresentam em forma de ciúme – filho doentio da insegurança emocional –, da inveja – tormento do mesmo conflito de insegurança –, do ódio – incapacidade de compreender e de desculpar –, do despeito – ausência de critério de autovalorização –, todos provenientes de imaturidade psicológica, de permanência no período infantil...

Esse peculiar sentimento de medo destrutivo de forma alguma impede que sucedam os transtornos porvindouros, razão por que, entre outras, deve ser combatido com toda decisão, desde que retira o prazer de viver.

A mudança de óptica em torno do seu desenvolvimento na emoção produz a redução de máscaras sob as quais se oculta o danoso inimigo.

Considerar-se que se têm os mesmos direitos de todo ser humano de fazer-se o que aprouver, desde que não agrida os interesses alheios, de proceder-se a escolhas e tomar-se decisões, constitui um passo decisivo para a superação do medo. Quando, por alguma razão, não sejam essas as melhores, e os resultados apresentem-se frustrantes, em vez de desencorajamento, concluir-se pelos lucros e a experiência da tentativa, ensejando-se maior campo de habilidades para futuras seleções e ações.

O terrível medo de amar, em face da possibilidade de sofrer-se a indiferença ou o desprezo da pessoa anelada ou mesmo do ideal elegido, que pode não ser compensador, de forma alguma proporciona satisfação, antes deixa tremenda angústia pelo não experimentado, pelo que ficará para sempre como desconhecido, que deveria ter sido vivenciado.

Pior do que amar e não receber resposta idêntica é o prejuízo de nunca haver amado.

Melhor que se haja vivido uma experiência cujos resultados não foram os mais agradáveis do que permanecer-se na incerteza de como seria tal realização.

Luta-se com o medo para evitá-lo, para contorná-lo, para superá-lo, mais do que se pensa conscientemente, gastando-se tempo valioso, que poderia ser aplicado em experiências que seriam exitosas, em forma de realizações não tentadas.

Fantasia-se a vida como uma viagem sem incidentes nem acidentes, o que não deixa de ser utópico e irreal. O

Conflitos existenciais

próprio ato de viver no corpo é firmado em processos desafiadores do organismo.

Na execução do programa de cada vida, todos tropeçam, sofrem decepções, insucessos, que são mestres hábeis no ensino dos mais eficientes meios para alcançar-se as metas a que se propõem.

Nada é fácil, sempre se apresentando como recurso de aprendizagem e de evolução.

O medo, portanto, oculta-se na fantasia de tudo muito fácil, sem suores nem lágrimas, sem sofrimentos nem lutas, gerando incertezas em torno do ato de existir.

Não sendo superadas essas facetas do comportamento, podem-se enumerar outros medos, quais o de falar em público, de comunicar-se com pessoas desconhecidas, da solidão...

São medos perversos e traiçoeiros, porque se amontoam uns sobre os outros, cada vez mais complexos e difíceis de solucionados, caso não sejam enfrentados desde as primeiras manifestações.

Certamente, todos têm planos e objetivos de felicidade que o medo ensombra e dificulta a realização.

Convém, no entanto, enfrentá-lo enquanto é possível realizar esses projetos, porque momento chega em que os recursos disponíveis de tempo, de saúde e de oportunidade já não existem mais.

ERRADICAÇÃO DO MEDO

A coragem de manter contato com os próprios medos é recurso terapêutico muito valioso para a sua erradicação, ou, pelo menos, para a sua administração psicológica.

Graças aos medos aprende-se como fazer-se algo, o que realmente se deseja fazer e para que se quer realizar.

Desse modo, enquanto não se apresenta como transtorno patológico, que necessita de psicoterapia ou mesmo de terapêutica química, muitos recursos encontram-se ao alcance de quem os deseje para libertar-se dos medos. A consciência de que se é portador do medo e se está disposto a enfrentar-lhe as nuanças e manifestações, apresenta-se como um passo inicial de excelentes resultados. O prosseguimento da atitude de confiança em favor da sua liberação auxilia na conquista de espaço mental, substituindo-o por novos cometimentos e aspirações edificantes que se lhe opõem.

A vitória sobre qualquer conflito resulta de esforços ingentes e contínuos que o indivíduo se propõe com decisão e coragem.

Mesmo quando superado o medo, isso não significa a sua eliminação total e absoluta, pois que novas situações podem exigir precaução e vigilância que se apresentarão em forma de temor.

Alicerçadas nos bons resultados já conseguidos, as novas tentativas serão muito mais fáceis do que as iniciais.

A grande terapia para todos os tipos de medo é a do amor. O amor a si mesmo, ao seu próximo e a Deus.

A si mesmo, de forma respeitosa e racional, considerando a utilidade da existência e o que a vida espera de cada um, desde que todos somente esperam da vida a sua contribuição. Quando diminuam ou desapareçam as doações que a vida oferece, chega o momento da retribuição, no qual é preciso que se lhe dê sustentação, harmonia para que o melhor possa acontecer em relação aos demais.

Nesse raciocínio e doação expressa-se o amor ao próximo, mediante o qual a vida adquire sentido e o relacionamento se vitaliza; porque centrado no interesse pelo bem-estar do outro, irradia-se bondade e ternura em seu benefício, sem o propósito negocista de receber-se compensação.

Esse intercâmbio que une as criaturas umas às outras, leva-as à afeição pela Natureza e por todas as formas vivas ou não, alcançando o excelente amor a Deus, no esforço de preservação de tudo.

Alguns psiquiatras e psicólogos mais audaciosos reduzem todas as emoções humanas apenas ao medo e ao amor.

O amor é o antídoto eficaz para a superação do medo e a sua consequente eliminação.

Quando ama, o ser enriquece-se de coragem, embora não possa evitar os enfrentamentos em face dos impulsos edificantes que do amor emanam.

Assim, a solidariedade abre os braços fraternos em favor do próximo, experimentando-se valiosa fortuna de amar-se, desmascarando-se a artimanha do medo que o distanciava dessa emoção felicitadora.

Mantendo-se o sentimento de amor no imo, torna-se fácil converter desilusão em nova esperança e insucesso em experiência positiva.

Sempre que voltem os medos – e eles retornarão várias vezes, o que é muito útil –, porque fortalecido, o indivíduo com mais decisão e sabedoria os enfrenta, superando-os por completo.

Em face disso, a escolha é de cada um: o medo ou o amor, já que os dois não convivem no mesmo espaço emocional.

É comum ouvir-se alguém em queixa a respeito da própria capacidade de conhecimento, das possibilidades de realização pessoal, em face do medo de insucesso e de erro. Muito pior é não tentar, não saber com segurança a respeito de si mesmo, preferindo a dúvida mesquinha.

Quando seja constatada a insuficiência de recursos para que o êxito coroe o esforço envidado, adquire-se o exato conhecimento de onde se encontra a falha ou a carência, podendo-se e devendo-se voltar aos tentames com novas cargas de que não se dispunha antes.

Considerando-se a possibilidade de alguns dos medos serem inspirados por adversários desencarnados, a oração-terapia gera um clima psíquico tão elevado que o opositor perde o contato com a vítima em face de esta erguer-se em superior onda vibratória, na qual não consegue ser alcançada pelo perseguidor espiritual.

Nessa faixa de poderoso psiquismo nutriente, haurem-se resistência e vitalidade para vencer-se os limites e vitalizar-se de forças para voos mais altos e audaciosos.

Toda vez que se equivoque, em vez de uma reação de raiva pelo erro, permita-se a compaixão como direito que se tem pelo erro cometido, considerando-se o estágio de humanidade em que se encontra e age.

Evite-se a postura intransigente de não se desculpar pelos feitos infelizes, pelas ações transtornadas.

Ninguém é exceção no mundo, vivenciando todos experiências equivalentes, que fazem parte do programa de elevação individual.

O medo da morte, por exemplo, que em muitos indivíduos se transforma em infelicidade, não deve permanecer como possibilidade em relação aos enfermos terminais que estão diante da certeza do desprendimento carnal.

Nada obstante, quem poderá avaliar quando irá suceder a morte deste ou daquele indivíduo? Crianças e jovens saudáveis de um para outro momento são acometidos de enfermidades virulentas e rápidas que lhes ceifam a vida, enquanto pacientes em deplorável estado orgânico sobrevivem, expiam, decompõem-se quase em vida.

Ademais, os acidentes de todo tipo, quais aqueles que acontecem com veículos de diferente porte, os da Natureza, os de balas perdidas, os de quedas fatais, demonstram a fragilidade do corpo e a imprevisibilidade dos impositivos humanos.

O medo é sempre injustificável, seja como for que se expresse.

Muitas vezes, as pessoas têm receio de aproximar-se de outras nas reuniões sociais, nos encontros de negócios, nas atividades quotidianas, sem recordar-se que também aquelas experimentam as mesmas emoções de incerteza e receio. Se não as desvelam, é porque têm sido obrigadas por necessidades múltiplas a sobrepor-lhes os compromissos abraçados.

Se for considerado que muitos indivíduos venceram os seus medos, encontram-se formas estimulantes para a vitória sobre os próprios.

Na solidariedade estão igualmente os estímulos para o avanço, para a autoestima, para o encorajamento em favor de novos tentames de progresso.

Sempre que o medo permaneça, mais medo se acumula.

Na terapia do amor em relação ao medo, quanto mais se ama, naturalmente mais amor se tem a oferecer.

Mediante também a compaixão, que é diluente do medo, o ser humano torna-se mais digno e saudável.

Graças a esse sentimento que se expande na medida em que se ama, o ser engrandece-se e enriquece-se de vida, envolvendo-se em paz.

5
RESSENTIMENTO

CAUSAS PSICOLÓGICAS DO RESSENTIMENTO
EFEITOS PERNICIOSOS E TRANSTORNOS
EMOCIONAIS DO RESSENTIMENTO
TERAPIA LIBERTADORA

CAUSAS PSICOLÓGICAS DO RESSENTIMENTO

Subjacente nos refolhos do inconsciente coletivo e individual da criatura humana, a necessidade do poder impõe-se como fator primacial para a autorrealização, para o desenvolvimento da inteligência e da vontade, para a conquista pelo sentimento ou mediante a astúcia de tudo quanto o *ego* ambiciona.

Esta ânsia de poder, inerente ao ser humano pelo seu atavismo ancestral do processo de evolução animal, conforme Alfred Adler, é geradora de inúmeros conflitos quando não resolvida de maneira equilibrada.

A luta pelo poder, desse ponto de vista, constitui o motivo essencial da existência humana, na busca do seu bem-estar, da sua felicidade.

Freud, mediante a sua psicologia negativa sobre a natureza humana, considerava religião, ciência, moralidade

Joanna de Ângelis / Divaldo Franco

como defesas elaboradas contra os conflitos humanos básicos que permaneciam ligados à agressão e à sexualidade.

O seu paradigma opõe-se ao conceito de que o bem-estar, a felicidade, tenham origem em a natureza do homem e da mulher, não confirmando a possibilidade de que o ser humano possa nascer bom e nobre. Em realidade, para ele, todas as repressões dos conflitos básicos que resultam da ansiedade que proporcionam, transformam a energia que funciona como o acionador dos comportamentos, conduzindo a sociedade, a cultura e a civilização tanto à grandeza dos sentimentos como ao seu desvario.

Ainda, na mesma visão, os sentimentos de elevação moral, fundamentados na justiça, na bondade, na generosidade, no amor fraternal, seriam destituídos de autenticidade, pois que essas manifestações superiores seriam geradas na personalidade. Resultariam, desse modo, da ansiedade produzida por esses mesmos conflitos básicos, em vez de terem sua procedência nas virtudes e nas conquistas pessoais.

Mesmo a contribuição humana direcionada para a produção social, para o crescimento e edificação tanto do indivíduo como do seu grupo, ainda seriam rescaldos da repressão dos impulsos violentos e homicidas, então transformados em gestos de grandiosa solidariedade e relevante edificação de valores morais, sendo uma forma de compensação dos impulsos para agredir ou para destruir as demais pessoas...

Mediante essa formulação, inexistiriam em a natureza humana a bondade intrínseca, a herança da evolução superior, tudo reduzido aos conflitos ancestrais que se fixaram nos instintos básicos.

Conflitos existenciais

O verdadeiro poder, sob um novo enfoque da Psicologia Profunda, não se encontra nos recursos amoedados, no relevo social ou político, no religioso ou cultural nas suas multifaces, mas sim na conquista interior do prazer de realizar-se, especialmente quando se consegue a vitória pelo amor, alcançando-se a individuação.

O sentido do poder, conforme Adler, que superaria o sentido do prazer, proposto por Freud, deveria avançar no rumo do sentido de existir, conforme Viktor Frankl.

Examinando-se, porém, o exclusivo sentido do poder, toda vez quando o indivíduo se sente defraudado na sua ambição desmedida, rebela-se, permitindo que o *ego* seja atingido e subestimado, gerando sentimentos controvertidos de ódio, de rancor, de ressentimento.

Igualmente, a frustração sexual, nessa oportunidade, mascara o seu conflito quando o indivíduo sente-se rejeitado, desenvolvendo-o com mais vigor, já que sua existência é uma herança dos seus instintos básicos, que dá lugar à exacerbação que se converte em ressentimento.

O animal macho rejeitado ou não aceito pelo animal fêmea agride-a, nas esferas inferiores do processo da evolução em que transitam, resultando na fase humana em sentimento de inferioridade, de abandono, abrindo, portanto, espaço para o ressentimento que anela pela subjugação de quem o desprezou.

Alojando-se na mente e na emoção, a fracassada possibilidade de manipulação de outrem transforma-se em surda e covarde expressão de vingança disfarçada, que deseja o desforço mediante a infelicidade daquele a quem considera como seu opositor.

Transferindo-se da emoção para a memória, faz-se verdugo cruel do indivíduo que perde o discernimento, a faculdade de logicar, para fixar-se naquilo que considera ofensa, cada vez mais se enredando nos fluidos deletérios da revolta que termina por acometê-lo de perturbações emocionais e fisiológicas que se desenvolvem e se estimulam pela vitalização contínua.

É compreensível o surgimento de certa frustração e mesmo de desagrado diante de confrontos e de agressões promovidos por outrem, dando lugar a mágoas, que são certa aflição de caráter transitório, não, porém, à instalação do ressentimento.

Spinoza afirmou com propriedade no seu valioso *Tratado sobre a Ética* que a emoção que é sofrimento deixa de sê-lo no momento em que dela formarmos uma ideia clara e nítida.

Enquanto fixada em algum dos instintos básicos, a emoção é geradora de sofrimento, em face dos impositivos de que se reveste, como fenômeno sem controle, como capricho decorrente de imaturidade psicológica.

O sentido do existir proporciona uma visão profunda do amor, que a tudo e a todos compreende, agigantando-se ao longo das experiências vivenciadas no quotidiano, que proporcionam crescimento emocional e consequente controle das paixões.

O ser humano, em face da sua procedência espiritual, é portador do anjo e do demônio em latência, devendo desenvolver as inesgotáveis jazidas portadoras das elevadas manifestações adormecidas, ao tempo em que supera as heranças mais próximas do primarismo de onde procedem as formas físicas.

Assim, a vida possui um sentido de existência, que se fundamenta no amor, superando o vazio e a falta de significado, frutos do estado de tédio e de insatisfação.

Em decorrência da inevitabilidade do sofrimento, o caminho único a ser percorrido é a sua superação, quando se passa a formar a seu respeito uma ideia clara e nítida, racionalizando-lhe as ocorrências.

O ressentimento permanece como um especial arquétipo, *sombra* densa dominando os sentimentos humanos, aumentando o comportamento conflitivo, quando seria ideal liberá-lo da conduta, mesmo quando iniciando os passos de equilíbrio e da afirmação dos seus valores éticos, dos quais decorrem o bem-estar, a saúde em várias expressões, alcançando o numinoso.

EFEITOS PERNICIOSOS E TRANSTORNOS
EMOCIONAIS DO RESSENTIMENTO

Os sentimentos violentados que se transformam em conflitos não resolvidos escravizam a criatura, que passa a vivenciá-los de acordo com o que lhe parece real, jamais conforme exercício de evolução.

Logo advêm transtornos de breve ou de longa duração, tal a depressão como resultado da amargura que domina as paisagens íntimas, devorando os parcos ideais de viver ou transformando-se em mecanismo de vingança, transferindo a culpa, que perturba, como de responsabilidade de outrem, daquele que gerou a situação, nunca, porém, de si mesmo. Vezes outras, desenvolve a ansiedade pelo desejo

Joanna de Ângelis / Divaldo Franco

mórbido de desforço, mediante o qual supõe erradamente seria resolvido o conflito injustificado.

Esse comportamento, porém, tem a ver com o estágio da consciência adormecida, ou não, de quem se acredita vítima da injunção que toma corpo superior à qualidade do fato ocorrido.

Os indivíduos biliosos já se fazem caracterizar pela debilidade da organização fisiológica, responsável por transtornos funcionais dos equipamentos de que se constitui, tendo maior facilidade em aceitar os desafios existenciais como provocações e instigações à sua aflição.

Portadores de diversos *complexos*, dentre os quais se destaca a inferioridade que se atribuem, acreditando sempre que tudo de desagradável que lhes sucede é desconsideração de pessoas ou de grupos, mantêm-se sempre armados, disparando petardos violentos contra todos, por decorrência de suspeitas incoerentes que lhes denotam a insegurança.

Não amando, consideram-se desamados, e sempre estão em vigilância rigorosa em torno de tudo quanto lhes diz respeito, desde que procedente dos demais, nunca, porém, deles originado.

A um passo de distúrbios graves, facilmente acolhem o ressentimento em que se comprazem, alterando o comportamento já doentio e mergulhando cada vez mais no poço sem fundo da amargura.

Neurotizando-se com mais vigor, não são capazes de uma catarse honesta, de uma busca de esclarecimento, de um apaziguamento interior, e mais se revoltam quando são confrontados pela sensatez que os convida a uma revisão do acontecimento, a uma mudança de atitude.

Conflitos existenciais

Acumulam motivos e transtornam-se emocionalmente, considerando-se perseguidos e vinculando-se a mais graves compulsões de desforço.

É nesse clima de fixação mental, cultivando o fel da amargura, que se deixam tombar nas malhas nefastas de vinculações psíquicas com outras mentes em desalinho na Esfera espiritual em que se movimentam, iniciando-se conúbios obsessivos de grave porte.

Estabelecida a sintonia, o hóspede psíquico passa a realizar um processo hipnótico bem-urdido, ampliando a ideia da ocorrência na mente do hospedeiro, aumentando-lhe a carga vibratória com o acumular de outras ocorrências já superadas, que agora ressumam com teor de gravidade, mais afligindo o desditoso que se entrega de maneira masoquista ao fenômeno de que não se dá conta.

Nesse processo, apresenta-se a mistura dos sentimentos da vítima e do novo algoz, induzindo a desequilíbrio grave.

É natural que a incidência do transtorno obsessivo sobre o orgulho do *ego* ferido na sua soberania, resulte em alta carga de descompensação emocional, que o sistema nervoso central tem dificuldade de administrar, emitindo ondas fragmentárias ou aceleradas para as glândulas de secreção endócrina que descarregarão as suas substâncias no sistema imunológico, desarticulando-lhe suas defesas.

O avanço para distúrbios mais profundos é inevitável, porque o paciente bloqueia o discernimento; e qualquer convite para o equilíbrio, para a revisão do comportamento, nele produz reação violenta ou falsa passividade, que significa indiferença pela terapia de que necessita.

Joanna de Ângelis / Divaldo Franco

Ei-los que transitam pelo mundo infelizes, cabisbaixos, sucumbidos ou exaltados, rancorosos, despejando dardos violentos a qualquer contrariedade, justificando a insânia coletiva e desejando agravamento das ocorrências infelizes até a consumação geral pelo caos, que gostariam tivesse vigência imediata.

Nada obstante, tudo poderia ser resolvido com imensa facilidade, com uma boa dose de compreensão, de tolerância e de compaixão.

TERAPIA LIBERTADORA

A visão nova da Psicologia positiva, que reage à proposta freudiana a respeito da personalidade humana, procura entender de maneira muito diversa as emoções, ensejando-lhe uma conduta otimista, na qual devem permanecer como assinaladores de fronteiras a bondade, o perdão, o prazer, as gratificações do sentimento, a esperança e a fé, a confiança, o cultivo das virtudes, a busca e enriquecimento pela sabedoria, o amor pela Humanidade, a coragem e a justiça, a espiritualidade e a transcendência do ser.

A sua proposta induz a uma visão mais profunda do indivíduo no contexto da família, da sociedade, da democracia e da liberdade, ensejando uma orientação para que seja alcançado plenamente o sentido existencial.

Todos os seus argumentos são profundamente humanistas, facultando uma visão de felicidade no destino da criatura, estimulando-a a desenvolver as forças psicológicas dos sentimentos orientados para as virtudes.

Conflitos existenciais

O ser, em si mesmo, não é portador de maldade, mas foram as experiências do processo de evolução que despertaram essa face negativa, que pode e deve ser corrigida pela aplicação dos recursos do altruísmo, da bondade, da moralidade e da cooperação com as demais criaturas do mundo.

O processo de evolução gera prazeres, mesmo no cultivo do mal; no entanto, são transitórios, servindo de medida para comparação com as conquistas do bem e as alegrias dele derivadas com sabor duradouro.

Essa Psicologia proporciona a libertação natural do excruciante padecer que ressuma do ressentimento, desde que o paciente predisponha-se à reflexão, à mudança de comportamento mental para a posterior alteração de conduta emocional.

Desvalorizando o que considera ofensivo, em razão da fragilidade de que se reveste esse infeliz conceito, logo descobre o prazer de ser livre, de poder amar sem exigir compensação, de conviver sem qualquer estado preconcebido de autodefesa.

Ninguém vive a atacar outrem, exceto quando em desarmonia consigo, o que deixa de merecer consideração em face do distúrbio do agressor.

Nesse sentido, a mudança de atitude mental e emocional rompe os liames da indução obsessiva, facilitando maior claridade para o raciocínio, então livre dos impulsos dominadores do algoz.

Ao mesmo tempo, a aplicação dos valiosos equipamentos do bem, em forma de ações meritórias, não somente é gratificante para a emoção, como é compensador de dívidas transatas, de agressões à vida em outras paragens do tempo e do espaço, quando em diferente vilegiatura carnal.

Persistindo, porém, o gravame que compraz o paciente, ei-lo incapaz de recuperar-se, necessitando de urgente socorro psicoterapêutico, proporcionado por outrem bem equipado de conhecimentos ou especializado, a fim de que não se converta em um processo irreversível.

Em qualquer circunstância, porém, deve o indivíduo contribuir com a sua vontade, sem a qual todo o empenho e cooperação de outra pessoa redundam, infelizmente, inócuos, quando não mais desagradáveis para o padecente.

6
CULPA

A PSICOLOGIA DA CULPA
AS LAMENTÁVEIS CONSEQUÊNCIAS
DA CULPA NÃO LIBERADA
PROCESSOS DE LIBERTAÇÃO DA CULPA

A PSICOLOGIA DA CULPA

Duas são as causas psicológicas da culpa: a que procede da *sombra* escura do passado, da consciência que se sente responsável por males que haja praticado em relação a outrem e a que tem sua origem na infância, como decorrência da educação que lhe foi ministrada.

A culpa é resultado da raiva que alguém sente contra si mesmo, voltada para dentro, em forma de sensação de algo que foi feito erradamente.

Este procedimento preexiste à vida física, porque originário, na sua primeira proposta, como gravame cometido contra o próximo, que gerou conflito de consciência.

Quando a ação foi desencadeada, a raiva, o ódio ou o desejo de vingança, ou mesmo a inconsequência moral, não permitiram avaliação do desatino, atendendo ao impulso nascido na mesquinhez ou no primarismo pessoal.

Joanna de Ângelis / Divaldo Franco

Lentamente, porém, o remorso gerou o fenômeno de identificação do erro, mas não se fez acompanhar da coragem para a conveniente reparação, transferindo para os arquivos do Espírito o conflito em forma de culpa, que ressuma facilmente ante o desencadear de qualquer ocorrência produzida pela associação de ideias, condutora da lembrança inconsciente.

Quando isso ocorre, o indivíduo experimenta insopitável angústia, e procura recurso de autopunição como mecanismo libertador para a consciência responsável pelo delito que ninguém conhece, mas se lhe encontra ínsito no mapa das realizações pessoais, portanto intransferível.

Apresenta-se como uma forte impregnação emocional, em forma de representações ou ideias (lembranças inconscientes), parcial ou totalmente reprimidas, que ressurgem no comportamento, nos sonhos, com fortes tintas de conflito psicológico.

Na segunda hipótese, a má-formação educacional, especialmente quando impede a criança de desenvolver a identidade, conspira para a instalação da culpa.

Normalmente exige-se que o educando seja parcial e adulador, concordando com as ideias dos adultos – pais e educadores – que estabelecem os parâmetros da sua conduta, sem terem em vista a sua espontaneidade, a sua liberdade de pensamento, a sua visão da existência humana em desenvolvimento e formação.

É de lamentar-se que as crianças sejam manipuladas por genitores e professores, quando frustrados, que lhes transmitem a própria insegurança, insculpindo-lhes comportamentos que a si mesmos agradam em detrimento do que é de melhor para o aprendiz.

Conflitos existenciais

Precipita-se-lhe a fase do desenvolvimento adulto com expressões piegas, nas quais se afirmam: "Já é uma mocinha, trata-se de um rapazinho", inculcando-lhes condutas extravagantes, sem que deixem de ser realmente crianças. A vida infantil é relevante na formação da personalidade, na construção da consciência do *Si*, na definição dos rumos existenciais.

A conduta dos adultos grava no educando a forma de ser ou de parecer, de conviver ou de agradar, de conquistar ou de utilizar-se, dando surgimento, quase sempre, quando não correta, a inúmeros conflitos, a diversas culpas.

Constrangida a ocultar a sua realidade, a fim de não ser punida, sentindo-se obrigada a agradar os seus orientadores, a criança compõe um quadro de aparência como forma de conveniência, frustrando-se profundamente e perturbando o caráter moral, que perde as diretrizes de dignidade, os referenciais do que é certo e do que é errado...

Essa má educação é imposta para que os educandos sejam bons meninos e boas meninas, o que equivale a dizer que atendam sempre aos interesses dos adultos, não os contrariando, não os desobedecendo. Bem poucas vezes pensa-se no bem-estar da criança, no que lhe apraz, naquilo que lhe é compatível com o entendimento.

Vezes outras, como forma escapista da própria consciência, os pais cumulam os filhos com brinquedos e jogos, em atitude igualmente infantil de suborno emocional, a fim de os distrair; em realidade, no entanto, para fugirem ao dever da sua companhia, dos diálogos indispensáveis, da convivência educativa mais pelos atos do que pelas palavras.

Apesar de pretender-se tornar independente o educando, invariavelmente ele cresce codependente, isto é, sem liberdade de ação, de satisfação, culpando-se toda vez que se permite o prazer pessoal fora dos padrões estabelecidos e das imposições programadas.

Para poupar-se a problemas, perde a capacidade de dizer *não*, a espontaneidade de ser coerente com o que pensa, com o que sente, com o que deseja.

Não poucas vezes, a criança é punida quando se opõe, quando externa o seu pensamento, quando se nega, alterando a maneira de ser, a fim de evitar-se os sofrimentos.

Há uma necessidade psicológica de negar-se, de dizer-se *não*, sempre que se faça próprio, sem a utilização de métodos escapistas que induzem à pusilanimidade, à incoerência de natureza moral.

Não se pode concordar com tudo, e *ipso facto*, omitir-se de dizer-se o que se pensa, de negar-se, de ser-se autêntico. Certamente a maneira de expressar a opinião é que se torna relevante, evitando-se a agressividade na resposta negativa, a prepotência na maneira de traduzir o pensamento oposto. Torna-se expressivo, de certo modo, não exatamente o que se diz, mas a maneira como se enuncia a informação.

Esse hábito, porém, deve ser iniciado na infância, embutindo-se no comportamento do educando a coragem de ser honesto, mesmo que a preço de algum ônus.

Essa insegurança na forma de proceder e a dubiedade de conduta, a que agrada aos outros e aquela que a si mesmo satisfaz, quase sempre desencadeiam processos sutis de culpa, que passam a zurzir o indivíduo na maioria das vezes em que é convidado a definir rumos de comportamento.

A culpa pode apresentar-se a partir do momento em que se deseja viver a independência, como se isso constituísse

Conflitos existenciais

uma traição, um desrespeito àqueles que contribuíram para o desenvolvimento da existência, que deram orientação, que se esforçaram pela educação recebida. Entretanto, merece considerar que, se o esforço foi realizado com o objetivo de dar felicidade, esta começa a partir do instante em que o indivíduo afirma-se como criatura, em que tem capacidade para decidir, para realizar, para fazer-se independente.

Os adultos imaturos, no entanto, diante desse comportamento, cobram o pagamento pelo que fizeram, dizendo-se abandonados, queixando-se de ingratidão, provocando sentimentos injustificáveis de culpa, conduta essa manipuladora e infeliz.

Esse método abusivo é normalmente imposto à infância, propiciando que a culpa se instale, quando a criança dá-se conta de que pensa diferente dos seus pais, exigindo desses educadores sabedoria para poderem diluí-la e apoiarem o que seja correto, modificando o que não esteja compatível com a educação.

A culpa é algoz persistente e perigoso, que merece orientação psicológica urgente.

As lamentáveis consequências da culpa não liberada

A culpa encontra sintonia com as paisagens mais escuras da personalidade humana em que se homizia.

Os conflitos e as mesquinhezes dos sentimentos nutrem-se da presença da culpa, levando a estertores agônicos aquele que lhe sofre a injunção.

Acabrunha e desarticula os mecanismos da fraternidade, tornando o paciente arredio e triste, quando não infeliz e desmotivado.

As suas ações tornam-se policiadas pelo medo de cometer novos desatinos e quase sempre é empurrado para a depressão.

Vezes, porém, outras, apresenta-se com nuanças muito especiais, mediante as quais há uma forma de escamoteá-la através de escusas e de justificações indevidas.

Assevera-se, nessa conduta, que é normal errar, e, sem dúvida, o é, mas não permanecendo em contínua postura de equívocos, prejudicando outras pessoas, sem o reconhecimento das atitudes infelizes que devem sempre ser recuperadas.

Tormentosa é a existência de quem se nutre de culpa, sustentando-a com a sua insegurança. Tudo quanto lhe acontece de negativo, mesmo as ocorrências banais, é absorvido como sentimentos necessários à reparação.

A infância conflituosa, não poucas vezes, induz o educando à raiva, ao desejo de vingança, à morte dos pais ou dos mestres. Isto ocorre como catarse liberadora do desgosto. Quando, mais tarde, ocorre algo de infelicitador com aquele a quem foram dirigidos a ira e o desejo de desforço, a culpa instala-se, automaticamente, no enfermo, provocando arrependimento e dor.

Determinados acontecimentos têm lugar não porque sejam desejados, mas porque sucedem dentro dos fenômenos humanos. Entretanto, a consciência aturdida aflige-se e procura mecanismo de autopunição, encontrando, na culpa, a melhor forma de descarregar o conflito.

Quando, num acidente, alguém morre ao lado de outrem que sobreviveu, em caso de este não possuir estabilidade emocional, logo se refugia na culpa de haver tomado o lugar na vida que pertencia ao que sucumbiu, sem dar-se conta de que sempre teve igualmente direito à existência. Tal comportamento mórbido castra muitas iniciativas e desencadeia outros processos autopunitivos de que a vítima não se dá conta.

O arrependimento, que deve ser um fenômeno normal de avaliação das ações, mediante os resultados decorrentes, torna-se, na consciência de culpa, uma chaga a purgar mal-estar e desconfiança.

Como forma de esconder o conflito, surge a autocomiseração, a autocompaixão, quando seria mais correto a liberação do estado emocional, mediante a reparação, se e quando possível.

Reprimir a culpa, tentar ignorá-la é tão negativo quanto aceitá-la como ocorrência natural, sem o discernimento da gravidade das ações praticadas.

À medida que é introjetada, porém, a culpa assenhoreia-se da emoção e torna-se punitiva, castradora e perversa.

Gerando perturbações emocionais, pode induzir a comportamentos doentios e a atitudes criminosas, em face de repressões da agressividade, de sentimentos negativos incapazes de enfrentamentos claros e honestos que empurram para a traição, para os abismos sombrios da personalidade.

Porque se nutre dos pensamentos atormentadores, o indivíduo sente-se desvalorizado e aflige-se com ideias pessimistas e desagradáveis. Acreditando-se desprezíveis, algumas personalidades de construção frágil escorregam para ações mais conflitivas.

Nos criminosos seriais, por exemplo, a culpa inconsciente propele-os a novos cometimentos homicidas, além do inato impulso psicopata e destrutivo que lhes anula os sentimentos e a lucidez em torno das atrocidades cometidas. Portadores de fragmentação da mente, permanecem incapazes de uma avaliação em torno dos próprios atos.

Podem apresentar-se gentis e atraentes, conseguindo, dessa forma, conquistar as suas futuras vítimas, antegozando, no entanto, a satisfação da armadilha que lhes prepara, estimulando-os ao golpe final.

Bloqueando a culpa, saciam-se, por breve tempo, na aflição e no desespero de quem leva à consumpção. Quanto maior for o pavor de que o outro dê mostra, mais estímulo para golpear experimenta o agressor. A fúria sádica explode em prazer mórbido e cessa até nova irrupção.

Processos de libertação da culpa

Há uma culpa saudável que deve acompanhar os atos humanos quando estes não correspondem aos padrões do equilíbrio e da Ética. Esse sentimento, porém, deve ser encarado como um sentido de responsabilidade.

Sem ela, perder-se-ia o controle da situação, permitindo que os indivíduos agissem irresponsavelmente.

Todas as criaturas cometem erros, alguns de natureza grave. No entanto, não têm por que desanimar na luta, ou abandonar os compromissos de elevação moral.

Conflitos existenciais

O antídoto para a culpa é o perdão. Esse perdão que poderá ser direcionado a si mesmo, a quem foi a vítima, à comunidade, à Natureza.

Desde que a paz e a culpa não podem conviver juntas, porque uma elimina a presença da outra, torna-se necessário o exercício da compreensão da própria fraqueza, para que possa a criatura libertar-se da dolorosa injunção. A coragem de pedir perdão e a capacidade de perdoar são dois mecanismos terapêuticos liberadores da culpa.

Consciente do erro, torna-se exequível que se busque uma forma de reparação, e nenhuma é mais eficiente do que a de auxiliar aquele a quem se ofendeu ou prejudicou, ensejando-lhe a recomposição do que foi danificado.

Tratando-se de culpa que remanesce no inconsciente, procedente de existência passada, a mudança de atitude em relação à vida e aos relacionamentos, ensejando-se trabalho de edificação, torna-se o mais produtivo recurso propiciador do equilíbrio e o libertador da carga conflitiva.

Ignorando-se-lhe a procedência, não se lhe impede a presença em forma de angústia, de insegurança, de insatisfação, de ausência de merecimento a respeito de tudo de bom e de útil quanto sucede... Assim mesmo, o esforço em favor da solidariedade e da compaixão elabora mecanismos de diluição do processo afligente.

É comum que o sentimento de vergonha se instale no período infantil, quando ainda não se tem ideia de responsabilidade de deveres, mas se sabe o que é correto ou não para praticar. Não resistindo ao impulso agressivo ou à ação ilegítima, logo advém a vergonha pelo que foi feito, empurrando para fugas psicológicas automáticas que irão repercutir na idade adulta, embora se ignorando a razão, o porquê.

A culpa tem a ver com o que foi feito de errado, enquanto o sentimento de vergonha denota a consciência da irresponsabilidade, o conhecimento da ação negativa que foi praticada.

Somente a decisão de permitir-se herança perturbadora, que remanesce do período infantil, superando-a, torna possível a conquista do equilíbrio, da autossegurança, da paz.

A saúde mental e comportamental impõe a liberação da culpa, utilizando-se do contributo valioso do discernimento, que avalia a qualidade das ações e permite as reparações, quando equivocadas; e, o prosseguimento delas, quando acertadas.

7
CIÚME

PSICOGÊNESE DO CIÚME
COMPORTAMENTOS DOENTIOS
TERAPIA PARA O CIÚME

PSICOGÊNESE DO CIÚME

O Espírito imaturo, vitimado por desvios de comportamento em existências transatas, renasce assinalando o sistema emocional com as marcas infelizes disso resultantes.

Inquieto e insatisfeito, não consegue desenvolver em profundidade a autoestima, permanecendo em deplorável situação de infância psicológica. Mesmo quando atinge a idade adulta, as suas são reações de insegurança e capricho, caracterizando as dificuldades que tem para um ajustamento equilibrado no contexto social.

Aspira ao amor e teme entregar-se-lhe, porquanto o sentido da posse que lhe daria autoconfiança está adstrito à dominação de coisas, de pessoas e de interesses imediatistas, ambicionando transferi-lo para quem, certamente, não se permitirá dominar pela sua morbidez. Às vezes, quando se trata de um relacionamento com outra personalidade igualmente infantil, esta deixa-se, temporariamente, manipular, por acomodação ou sentimento subalterno, reagindo *a posteriori* de maneira imprevisível.

Em oportunidades outras, permite-se conduzir, desinteressando-se das próprias aspirações, enquanto submete-se aos caprichos do dominador, resultando numa afetividade doentia, destituída de significados nobres e de vivências enriquecedoras.

Porque a culpa se lhe encontra no íntimo, esse indivíduo não consegue decodificá-la, a fim de libertar-se, ocultando-a na desconfiança que permanece no seu inconsciente, assim experimentando tormentos e desajustes.

Incapaz de oferecer-se em clima de tranquilidade ao afeto, desconfia das demais pessoas, supondo que também são incapazes de dedicar-se com integração desinteressada, sem ocultar sentimentos infelizes.

Porque não consegue manter um bom nível de autoestima, acredita não merecer o carinho nem o devotamento de outrem, afligindo-se, em razão do medo de perder-lhe a companhia. Esse tormento faz-se tão cruel, que se encarrega, inconscientemente, de afastar a outra pessoa, tornando-lhe a convivência insuportável, em face da geração de contínuos conflitos que o inseguro se permite.

A imaturidade psicológica daqueles que assim agem, torna-se tão grave, que procuram justificar o ciúme como o sal do amor, como se a afetividade tivesse qualquer tipo de necessidade de conflito, do sal da desconfiança.

Conflitos existenciais

O amor nutre-se de amor e consolida-se mediante a confiança irrestrita que gera, selando os sentimentos com as belas vibrações da ternura e da amizade bem-estruturada. A falta de maturidade emocional do indivíduo prende-o ao período do pensamento mítico, no qual as fantasias exercem predominância em sua conduta psíquica. Incapaz de enfrentar a realidade e as situações que se apresentam como necessárias ao crescimento contínuo da capacidade de discernimento e de luta, faculta-se a permanência na fantasia, no cultivo utópico da ilusão, imaginando um mundo irreal que gostaria de habitar, evitando a convivência com o destemor e o trabalho sério, de forma que se conduz asfixiado pelo que imagina em relação ao que defronta na vida real.

Torna-se capaz de manter uma vida interior conflitiva, que mascara com sorrisos e outros disfarces, padecendo o medo e a incerteza de ser feliz.

Sempre teme ser descoberto e conduzido à vivência dos fatos conforme são, e não consoante desejaria.

Evita diálogos profundos, receando sempre falsear e ser identificado nos recalques e desaires que lhe são habituais.

Procedente de uma infância na qual teve de escamotear a verdade e disfarçar as próprias necessidades por medo de punição ou de incompreensão dos demais, atinge a idade adulta sem a libertação das inseguranças juvenis.

Sentindo-se sempre desconsiderado, porque não consegue submeter aqueles a quem gostaria de amar- -dominando, entrega-se aos ciúmes injustificáveis, nos quais a imaginação atormentada exerce uma função patológica.

Vê e ouve o que existe no seu mundo íntimo, transferindo essas fantasias para subjugar o ser a quem diz amar.

Atormentado pela autocompaixão, refugia-se na infelicidade, de modo a inspirar piedade, quando deveria esforçar-se para conquistar afeição; subestima-se ou sobrevaloriza-se, assumindo posturas inadequadas à idade fisiológica, que deveria estar acompanhada do desempenho saudável de ser psicológico maduro.

Sempre recapitula a defecção afetiva dos demais, que compara com as suas próprias aflições, permitindo-se a ideia mórbida de que ninguém é fiel, pessoa alguma consegue dedicar-se a outrem sem que não mantenha sentimentos servis.

Possivelmente, no íntimo, sente-se, dessa forma, incapaz de afeiçoar-se pelo prazer de querer bem, portador de insatisfações pessoais em relação a si mesmo, mesquinho no que se refere à autodoação... Por consequência, enxerga o amor como mecanismo de manipulação ou instrumento para a conquista de valores amoedados ou de projeção política, social, artística, sem entender que, se existem aqueles que assim se comportam, não poucos agem e amam de maneira total e diferente dessa postura infeliz.

O ciúme tem raízes, portanto, no egotismo exagerado, que somente pode ser superado mediante o trabalho de autodisciplina e de entrega pessoal.

O Espírito evolui através de etapas sucessivas, lapidando arestas mediante o instrumento sublime da reencarnação, que lhe propicia transformações morais contínuas, enquanto desenvolve a inteligência e os sentimentos.

Conflitos existenciais

Por isso, o *Self* é depositário de todos os valores das experiências adquiridas no largo jornadear do desenvolvimento antropossociopsicológico.

Quanto mais o indivíduo valorizar o *ego*, sem administrar-lhe as heranças da inferioridade, mais se atormenta, em face da necessidade do relacionamento interpessoal que, sem a presença da afetividade, sempre se torna frio, distante, sem sentido nem continuidade.

A existência física tem por meta o aprimoramento dos valores espirituais que jazem latentes no ser humano, que adquire sabedoria e paz, de forma que possa desfrutar de saúde integral, o que não significa ausência de enfermidades, que podem ser consideradas como acidentes de percurso na marcha, sem danos graves de qualquer natureza.

Trabalhar a emoção, reflexionar em torno dos sentimentos próprios e do próximo constituem uma saudável psicoterapia para a aquisição da confiança em si mesmo e nos outros.

COMPORTAMENTOS DOENTIOS

Na morbidez do ciúme, o paciente estertora sempre na inquietação.

Anela pelo amor e recusa-o pelo receio de ser traído ou enganado. Não se sentindo portador de sentimentos de abnegação e de devotamento, desconsidera as mais belas florações da afetividade, sempre tidas como recurso de prazer e de conquista de coisas, sem procurar entender a nobreza que vitaliza aquele que ama.

Talvez essa análise da personalidade enferma do ciumento haja propiciado o conceito psicanalítico de considerar que a bondade, o sacrifício, o devotamento são frustrações da libido, que se transfere de direcionamento, ensejando outro tipo de realização. Essa conduta de enobrecimento, que enriquece a Humanidade com exemplos dignificadores, é vista, nesse contexto, sob suspeição exagerada, até quase considerada patológica, em razão da consideração imprópria em torno da criatura, como se fora animal apenas pensante...

Os períodos cruciais por que passa a criança, segundo a observação de Freud, no que diz respeito ao desenvolvimento psicossexual, através dos estádios oral, anal, fálico e genital, direcionam o ser humano somente para a busca do prazer, sendo que, na mudança de um para outro estádio são gerados conflitos e frustrações, em razão das outras formas anteriores de satisfação (prazer) serem negadas.

Por sua vez, Karen Horney (1885 – 1952), analisando os diferentes padrões da personalidade, sustentou que os indivíduos, particularmente na sociedade hodierna, sofrem de um tipo de ansiedade fundamental.

Essa ansiedade que gera neuróticos, ou daqueles que já se encontram neurotizados, indu-los a uma exagerada busca de múltiplos objetivos como forma de diminuir ou abafar essa inquietação. Um grande número foge, então, na busca do amor, enquanto outros se entregam à conquista de recursos amoedados, de prestígio social, político, religioso, de qualquer tipo, evitando envolvimentos emocionais ou ainda tentando diminuí-la por meio do álcool, das drogas aditivas...

Conflitos existenciais

A busca neurótica pelo amor, porém, tem prevalência nesses comportamentos ansiosos. E porque o indivíduo pensa que a satisfação do instinto poderá acalmar-lhe a ansiedade, frustra-se com facilidade, já que as suas exigências de afeto são excessivas, totais... A mínima insatisfação que lhe advém, atira-o para o conceito falso de que foi recusado, sentindo-se rejeitado. Com esse fenômeno, aumenta-lhe a ansiedade, que o tornará mais afadigado na busca do afeto ainda não alcançado, ampliando as possibilidades de repulsa, e assim movimentando-se num círculo vicioso.

Desvairado, permite-se a hostilidade que não consegue identificar, sempre receando a perda total do ser que diz amar. Desvaloriza-se a si mesmo, a fim de enaltecer o outro a quem se afeiçoa, ou passa a desconsiderar, imaginando que se equivocou, quando atribuiu excessivos valores e recursos que a pessoa não possui.

Esse tipo de mecanismo circular é muito comum no paciente ciumento, que sempre está em busca de fidelidade absoluta noutrem, sem condições de manter-se no mesmo padrão, mediante uma conduta tranquila, não neurótica.

Em face dessa insegurança emocional, sente o *ego* ferido pelo desprezo que imagina foi-lhe concedido, deixando-se dominar por ideias perversas de autocídio ou de homicídio.

Na raiz de muitos crimes na área da afetividade doentia, o ciúme destaca-se como fator primacial, por ser possessivo, asselvajado.

Sentindo-se recusado, muitas vezes, porque é cansativo o apego do paciente, e o outro parceiro exaure-se na sua convivência, isso é tido como rejeição porque – pensa

– certamente há outrem interferindo no relacionamento, em um triângulo imaginoso.

Desencadeada a ideia suspeitosa e infeliz, a maquinação doentia aumenta, e considerando-se vítima, põe-se em observação alucinada, deformando todos os acontecimentos, que passa a ver através de uma ótica distorcida, isto é, confirmando o que deseja que esteja acontecendo.

Quando a mente descontrola o comando do discernimento, o paciente consegue introduzir pessoas de quem suspeita no convívio do lar, a fim de facilitar o relacionamento com o outro e poder melhor confirmar as angustiantes expectativas, culminando em loucura ou crime.

Não apenas na área da afetividade entre parceiros o ciúme é tormento da alma, como também em qualquer contato interpessoal, social, profissional...

Quem se permite alimentar a víbora do ciúme no coração, mediante suspeitas infundadas, torna-se elemento prejudicial à sociedade, em razão do comportamento que se decompõe, levando a maledicências, a comentários desairosos, a apresentação de ocorrências não reais, a apontamentos deprimentes e a censuras injustificáveis.

O ciúme estimula a inveja, e ambos trabalham em comum acordo para anular a ação daquele que lhes inspira o sentimento negativo.

Pais imaturos são muito responsáveis por esse comportamento doentio, quando geram cenas de preferências no lar, selecionando os filhos queridos daqueles que parecem rejeitar. Outras vezes, demonstram a conduta inamistosa com aqueles que são tímidos, empurrando-os para dentro de si mesmos, frustrando-os na afetividade e na au-

Conflitos existenciais

toconfiança, de forma que o complexo de inferioridade os fere dolorosamente, dando lugar ao ciúme e à inveja. A sociedade é, nesse caso, sempre tida como hostil. Sem dúvida, ela é constituída pelos indivíduos que a compõem. Se a criatura é indiferente ou agressiva, ao encontrar outra equivalente, forma o grupo social desinteressado pelo bem-estar comum, desenvolvendo o egoísmo geral e cerrando as portas àqueles que desejam oportunidade de relacionamento.

Os indivíduos tímidos, aqueles que sofreram agressões na infância, que desenvolveram conflitos de inferioridade, sempre se sentem rejeitados e repelidos, expulsos sem consideração ou sequer comiseração, em mecanismo evocativo inconsciente do que experimentaram durante a construção da personalidade...

Irão formar bolsões de adversários inconscientes uns (os rejeitados) dos outros (os encarcerados no egoísmo), todos eles insensíveis aos sentimentos de humanidade, e isto sucede porque se sentem excluídos da sociedade, desenvolvendo a agressividade, filha dileta da revolta e do ressentimento, que explodem em forma dos diversos crimes que ora assolam em toda parte.

Não bastassem os prejuízos que provocam onde se encontram, esses indivíduos são infelizes em si mesmos, merecedores de tratamento especializado, de ajuda fraternal, de consideração espiritual, porquanto avançam, cada vez mais, para situações penosas e aflitivas.

Inegavelmente, a convivência com o paciente ciumento é martirizante, especialmente quando se recusa ao tratamento libertador.

Terapia para o Ciúme

Todo e qualquer distúrbio orgânico, psicológico ou mental necessita de tratamento especializado, considerando-se a área em que se apresenta.

É natural, portanto, que, naquilo que diz respeito ao comportamento emocional, seja levada em conta a terapêutica especializada, de modo a encontrar-se a raiz atual do problema, nunca sendo olvidado que o Espírito, em si mesmo, é o grande enfermo. Embora esse conhecimento, podem ser minimizados os efeitos perturbadores através do reencontro com as causas da existência presente, que tiveram origem no lar agressivo ou negligente, no grupo social perverso, nas condutas extravagantes ou em processos enfermiços que atingiram a organização física.

Penetrando-se nas causas dos conflitos dessa natureza – o ciúme –, pode-se avaliar a melhor conduta para os indivíduos normais, em face dos padrões que denominaremos como de confrontação e de saúde mental.

Em todos os indivíduos encontram-se os conflitos inconscientes e os mecanismos de defesa, diferenciando-se através de como são resolvidos.

Oportunamente, com Anna Freud (1895-1982) e outros, como Heinz Hartman (1894-1970) e Erik Erikson (1902-1994), surgiu uma corrente na psicanálise, denominada como psicologia do *ego*, em que os seus adeptos, além do conceito da libido, agregam os fatores culturais e interpessoais como desencadeadores da saúde e dos distúrbios de conduta. Nada obstante, propõem as contribuições saudáveis do *Si-próprio*, na maneira como trabalhar o mundo,

Conflitos existenciais

conviver com a realidade tal como se apresenta, em vez de mascarar-se, evitando enfrentá-los ou procurar justificativas falsas para a sua evasão.

A criatura humana possui motivação para uma existência saudável, a depender da aspiração que mantenha no seu sacrário íntimo, conforme propõe Abraham Maslow (1908-1970).

Na pirâmide proposta pela eminente terapeuta humanista, as necessidades fisiológicas dos primeiros períodos vão lentamente sendo direcionadas para outras, como as de segurança, conforto, ausência de medos, busca do amor, competência, aprovação e reconhecimento; logo ascendendo para as necessidades cognitivas, ordem, beleza, realização pessoal para atingir as experiências-limite.

Nessa ascensão, o conceito de *Si-próprio* exerce um papel preponderante, por estimular o ser à conquista de valores internos e pessoais, que o erguem ao pleno desenvolvimento dos seus recursos morais e espirituais.

O paciente ciumento, em sua insegurança, não tem qualquer consideração por si próprio, necessitando, portanto, de ser conduzido à autoestima, à superação dos conflitos de inferioridade e de insegurança, tomando conhecimento lúcido das infinitas possibilidades de equilíbrio e de afetividade que lhe estão ao alcance.

Ao mesmo tempo, a libertação das ideias masoquistas primitivas que nele permanecem, da culpa inconsciente que necessita de punição, bem direcionada pelo psicoterapeuta, ensejar-lhe-á a compreensão de que todos erram, de que todos devem assumir a consciência dos equívocos, mas a ninguém é concedido o direito de permanecer no muro das lamentações em torno de reais ou imaginárias aflições. O amor é como um perfume. Espraia-se invisível, mas percebido, impregnando os sentimentos que se identificam, facultando saúde emocional e bem-estar a todos. Quando buscado com afã, torna-se neurótico e perturbador, jamais atendendo às necessidades legítimas da pessoa.

Por outro lado, a ação fraternal da solidariedade enseja uma visão diferente daquela na qual o paciente encarcera-se, acreditando-se, apenas ele, como pessoa que vive um tipo de incompletude. Nesse ministério da ação caridosa para com os enfermos, em relação às demais pessoas que experimentam diferentes tipos de necessidade, ele se descobrirá naqueles a quem Jesus, o Psicoterapeuta por excelência, denominou como os filhos e as filhas do Calvário, por conduzirem também suas cruzes, algumas delas invisíveis aos olhos externos das demais pessoas.

A ação de benemerência direcionada ao próximo conduz ao descobrimento de quanto é saudável ajudar, facultando o entendimento dos dramas alheios e, ao mesmo tempo, encontrando solução para os próprios conflitos.

Aquele que se dedica à compaixão e à caridade, descobre, deslumbrado, não ser o único sofredor do mundo, e identifica-se com muitos que também estão padecendo, verificando, entretanto, quantos estão lutando com destemor para superar os impedimentos e as dificuldades que os atam à aflição.

Essa constatação serve-lhe de estímulo para também procurar a melhor maneira de libertação pessoal.

Conflitos existenciais

A terapêutica da bondade ao lado da psicoterapia especializada constitui elemento construtivo para a superação do ciúme, porque, nesse serviço, o afeto se amplia, os horizontes alargam-se, os interesses deixam de ser personalistas e a visão a respeito do mundo e da sociedade torna-se mais complacente e menos rigorosa.

Amorterapia, portanto, é indispensável para qualquer evento de desequilíbrio emocional, especialmente por ensejar o intercâmbio com o Pensamento Divino que se haure através da oração e da esperança.

8
ANSIEDADE

PSICOGÊNESE DA ANSIEDADE
DESDOBRAMENTO DOS FENÔMENOS ANSIOSOS
TERAPIA PARA A ANSIEDADE

PSICOGÊNESE DA ANSIEDADE

São muitos os fatores predisponentes e preponderantes que desencadeiam a ansiedade. Além das conjunturas ancestrais defluentes dos conflitos trazidos de existências transatas, a criança pode apresentar, desde cedo, os primeiros sintomas de ansiedade no medo inato do desconhecido – denominado por John Bowlby como vinculação – e do não familiar. Em realidade, essa vinculação apresenta um lado positivo, que é o de oferecer-lhe conforto e segurança, especialmente junto à mãe, com a qual interage em forma de prazer.

Desde o nascimento, havendo esse sentimento profundo, a criança prepara-se para uma sólida interação com a sociedade e demonstra-o, desde o princípio, quando qualquer alegria ou satisfação proporciona-lhe um amplo sorriso, apresentando-se calma e confiante.

Quando, porém, isso não ocorre, há uma possibilidade de a criança não sobreviver ou atravessar períodos difíceis, em face do medo inespecífico que seria originado pela ausência da mãe, que os psiquiatras identificam na condição de ansiedade livre flutuante.

O paciente apresenta um medo exagerado, e porque não sabe de quê, fica ainda com mais medo, formando um círculo vicioso. Dessa ansiedade, as aparentes ameaças externas, mesmo que insignificantes, tornam-se-lhe demasiadamente grandes, culminando, na idade adulta, com uma dependência infantil.

Quando uma criança é severamente punida pelos pais – que se apresentam como predadores cruéis –, há maior necessidade de apego, tornando-a mais dependente, buscando refúgio, neles mesmos, que são os fatores do seu medo.

Esse medo do desconhecido, ainda segundo Bowlby, impõe uma vinculação familiar que, ao ser desfeita, amplia a área da ansiedade.

Certamente, o fenômeno tem as suas raízes profundas na necessidade de reparação da afetividade conflitiva que vem de outras existências espirituais, quando houve desgoverno de conduta, gerando animosidade (nos atuais pais) e necessidade de apoio (no Espírito endividado, que ora se sente rejeitado).

A vinculação com o pai produz segurança, a separação proporciona angústia.

No período inicial, essa vinculação pode ser transferida para outrem, quando na ausência da mãe; mais tarde, porém, como a criança já sabe quem é a mãe, não a tendo, chora, perturba-se, inquieta-se, e transfere a insegurança para os outros períodos da existência.

Essa ansiedade básica ou fundamental representa a insegurança que resulta de sentir-se a sós, num mundo hos-

Conflitos existenciais

til, em total desamparo, levando-a a um tormento, no qual nunca está emocionalmente onde se encontra, desejando conseguir o que ainda não aconteceu.

Como decorrência da instabilidade que a caracteriza, anseia por situações proeminentes, destaques, conquistas de valores, especialmente realização pelo amor, em mecanismos espetaculares de fuga do conflito...

A busca do amor faz-se-lhe, então, tormentosa e desesperadora, como se pudesse, através desse recurso, amortecer a ansiedade. No íntimo, porém, evita envolvimentos emocionais verdadeiros, por medo de os perder e vir a sofrer-lhes as consequências.

Existe uma necessidade de identificação de pensamentos irracionais que, não poucas vezes, são os responsáveis pelo desencadeamento da ansiedade. Basta um simples encontro, algo que desperte um pensamento automático e irracional, e ei-la que se faz presente.

No inconsciente do indivíduo inseguro existe uma necessidade de autorrealização que, não conseguida, favorece-lhe a fuga pela ansiedade, normalmente produzindo-lhe desgaste no sistema emocional, por efeito gerando estresse no comportamento.

Na problemática dos conflitos humanos surge o recalcamento que, segundo Freud, resultaria da ansiedade intensa, de um estado emocional muito semelhante ao medo. Segundo ele, o medo da criança de perder o afeto dos pais leva à ansiedade, que a induz a atitudes de inquietação e agressividade.

Considerando-se, ainda, conforme o eminente mestre vienense, que a ansiedade é muito desagradável à criança, ela se esforçará para ver-se livre. Não conseguindo, foge para dentro de si mesma, experienciando a insegurança por sentir-se impossibilitada de reprimir o que a desperta – o ato interdito.

Processos enfermiços no organismo físico igualmente respondem pelo fenômeno da ansiedade, especialmente se o indivíduo não se encontra com estrutura emocional equilibrada para os enfrentamentos que qualquer enfermidade proporciona.

O medo de piorar, de não se libertar da doença, recuperando a saúde, o receio da falta de recursos para atender às necessidades defluentes da situação, o temor dos comentários maliciosos de pessoas insensatas em torno da questão, o pavor da morte favorecem o distúrbio de ansiedade, que se agrava na razão direta em que as dificuldades se apresentam.

A ansiedade é, na conjuntura social da atualidade, um grave fator de perturbação e de desequilíbrio, que merece cuidados especiais, observação profunda e terapia especializada.

DESDOBRAMENTO DOS FENÔMENOS ANSIOSOS

A ausência de serenidade para enfrentar os desafios da existência faz que o comportamento do indivíduo se torne doentio, cheio de expectativas, normalmente perturbadoras, gerando incapacidade de ação equilibrada e de desenvolvimento dos valores ético-morais corretos.

Ao mesmo tempo, avoluma-se na mente uma grande quantidade de ambições, de desejos de execução ou conquista de coisas simultaneamente, aturdindo, desorientando o paciente, que sempre se transfere de um estado

Conflitos existenciais

psicológico para outro, muitas vezes alternando também o humor, ora risonho, ora sisudo. A necessidade conflitiva de preencher os minutos com atividades, mesmo que desconexas, diminui-lhe a capacidade de observação, confunde--lhe o pensamento e, quando por motivo imperioso vê-se obrigado a parar, amolenta-se, deixando de prestar atenção ao que ocorre, para escorregar pelo sono no rumo da evasão da realidade.

Justifica que não está adormecido, mas de olhos fechados, realmente dominado por um estranho torpor, que é fruto do desinteresse pelo que acontece em volta, pelo que sucede em seu entorno, convocando-o a outras motivações que, não fazendo parte do seu tormento, infelizmente não despertam interesse.

O comportamento ansioso, não poucas vezes, é estimulado por descargas contínuas de adrenalina, o hormônio secretado pelas glândulas suprarrenais, que ativam a movimentação do indivíduo, parecendo vitalizá-lo de energias, que logo diminuem de intensidade.

Por essa razão, algumas vezes torna-se loquaz, ativo, alternando movimentações que o mantenham em intenso trabalho, nem sempre produtivo, por falta de coordenação e direcionamento. Noutras ocasiões, sofreia a inquietação e atormenta-se em estado de mutismo, taciturno, mas interiormente ansioso, tumultuado.

Quanto mais se deixa arrastar pela insatisfação do que faz, mais deseja realizar, não se fixando na análise das operações concluídas, logo desejando outros desafios e labores que não tem capacidade para atender conforme seria de desejar.

Na sua turbulência comportamental, os indivíduos tornam-se, não raras vezes, exigentes e preconceituosos, agressivos e violentos, desejosos de impor a sua vontade contra a ordem estabelecida ou aquilo que consideram como errado e carente de reparação.

Os seus relacionamentos são turbulentos, porque se desejam impor, não admitindo restrições à forma de conduta, nem orientação que os invite a uma mudança de comportamento.

Quando são atraídos sexualmente, tornam-se quase sempre passionais, porque supõem que é amor aquilo que experimentam, desejando submeter a outra pessoa aos seus caprichos e exigências, como demonstração de fidelidade, o que, após algum tempo de convivência, torna-se insuportável, em razão das descargas contínuas de epinefrina, que respondem por essa necessidade de mudanças de conduta, pela instabilidade nas realizações.

O quadro da ansiedade varia de um para outro indivíduo, embora as características sintomatológicas sejam equivalentes.

Estressando-se com facilidade, em razão da falta de autoconfiança e de harmonia interna, o paciente tende a padecer transtornos depressivos, quase sempre de natureza bipolar, com graves ressonâncias nos equipamentos neuroniais.

Passados os momentos de abstração da realidade, quando a melancolia profunda mergulhou-o no desinteresse pela vida e na tristeza sem par, o salto para a exaltação leva-o, com frequência, aos delírios visuais e auditivos, extrapolando as possibilidades, para assumir personificações místicas ou histriônicas, poderosas e invejadas, cujas existências enganosas encontram-se no seu inconsciente.

Conflitos existenciais

Terminado o período de excitação, no trânsito para o novo submergir na angústia, torna-se muito perigoso, porque a realidade perde os contornos, e o desejo de fuga, de libertação do mal-estar atira-o nos abismos do autocídio. Desfilam em nossa comunidade social inúmeros indivíduos ansiosos que se negam ao reconhecimento do distúrbio que os atormenta, procurando disfarçar com o álcool, o tabaco, nos quais dizem dispor de um bastão psicológico para apoio e melhor reflexão, nas drogas aditivas ou no sexo desvairado, insaciável, o que mais lhes complica o quadro de insanidade emocional.

O reconhecimento da situação abre oportunidade para uma terapia de autoajuda, pelo menos, ensejando receber de imediato o apoio do especialista.

Terapia para a ansiedade

Inquestionavelmente, todas aflições e todos desapontamentos que aturdem o ser humano procedem-lhe do Espírito que é, atado aos conflitos que se derivam das malogradas experiências corporais transatas.

O *Self,* ao longo das vivências acumuladas, exterioriza as inquietações e culpas que necessitam de ser liberadas mediante a catarse pelo sofrimento reparador, a fim de harmonizar-se.

Quando isso não ocorre, o *ego* apresenta-se estremunhado, inquieto, ansioso...

Especificamente no distúrbio da ansiedade, esses fenômenos atormentadores sucedem-se, como liberação dos dramas íntimos que jazem no inconsciente profundo – ar-

Joanna de Ângelis / Divaldo Franco

quivados nos recessos do perispírito – e afetam o sistema emocional.

A terapêutica libertadora há que iniciar-se na racionalização do tormento, trabalhando-o mediante a reflexão e a adoção do otimismo, de modo que lentamente a paciência e o equilíbrio possam instalar-se nas paisagens interiores.

Psicoterapeutas hábeis conseguirão detectar as causas atuais da ansiedade – remanescentes das causalidades anteriores –, liberando, a pouco e pouco, o paciente através da confiança que lhe infundem, encorajando-o para os cometimentos saudáveis.

Em alguns casos, quando há problema da libido, o psicanalista poderá reconduzir o indivíduo à experiência da vida fetal, ou da perinatal, ou infantil no lar, destrinçando as teias retentivas em torno da perturbação que não conseguiu digerir no período da ocorrência.

Transferindo os medos e as incertezas para o inconsciente, ei-los agora ressumando em forma de ansiedade, que poderá ser diluída após o trabalho de psicanálise nas suas origens.

O paciente, no entanto, como responsável pelo distúrbio psicológico, deve compreender a finalidade da sua atual existência corporal, instrumentalizando-se com segurança para trabalhar-se, adaptando-se ao esquema de saúde e de paz.

Nesse sentido, as leituras edificantes propiciadoras de renovação mental e emocional, as técnicas da Ioga, disciplinando a vontade e o sistema nervoso, constituem valiosos recursos psicoterapêuticos ao alcance de todos.

Nunca se esquecer, igualmente, de que a meditação, induzindo à calma e ao bem-estar, inspira à ação do bem,

Conflitos existenciais

do amor, da compaixão e da caridade em relação a si mesmo e ao próximo, haurindo alegria de viver e satisfação de autorrealizar-se, entregando-se aos desígnios divinos, ao tempo em que realizará a tarefa de criatura lúcida e consciente das próprias responsabilidades, que descobriu o nobre sentido existencial.

A ansiedade natural, o desejo de que ocorra o que se aguarda, a normal expectativa em torno dos fenômenos existenciais compõem um quadro saudável na existência de todos os indivíduos equilibrados.

O tormento, porém, que produz distúrbios generalizados, tais: sudorese abundante, colapso periférico, arritmia cardíaca, inquietação exagerada, receio de insucesso, produz o estado patológico, que pode ser superado com o auxílio do especialista em psicoterapia e o desejo pessoal realizado com empenho para consegui-lo.

As aflições defluentes da ansiedade podem ser erradicadas, portanto, graças aos cuidados especializados, adicionados à aplicação da bioenergia por meio dos passes e da água fluidificada, que restauram o campo vibratório e revitalizam as células. Outrossim, o hábito da oração e o cultivo dos pensamentos dignificadores são o coroamento do processo curativo para o encontro da saúde e da paz.

Jesus, o Psicoterapeuta por excelência, asseverou no Sermão da Montanha (MATEUS, 5:4): *Bem-aventurados os que choram* – recuperando-se das culpas e das mazelas –, *porque eles serão consolados.*

9

CRUELDADE

PSICOGÊNESE DA CRUELDADE
DESENVOLVIMENTO DA CRUELDADE
TERAPIA PARA A CRUELDADE

PSICOGÊNESE DA CRUELDADE

Na raiz da crueldade existe um transtorno profundo da personalidade. Essa alienação perversa origina-se em conduta criminosa vivenciada em existência pretérita, quando o Espírito, sentindo-se injustiçado por não entender as leis de equilíbrio que vigem no Cosmo, tomou a adaga da falsa justiça e desforçou-se de quem acreditou ser responsável pela sua desdita.

Possivelmente o crime não foi desvelado, ficando, no agressor, as marcas do sentimento perverso que ora ressumam em crueldade.

Também é provável que a Justiça haja descoberto o homicida e tenha-o levado ao tribunal para prestar contas à sociedade, após o que lhe foi aplicada a punição compatível, conforme os cânones legais. Nada obstante, em vez de o calceta utilizar-se da corrigenda para o refazimento emocional, descambou pelos sombrios corredores da revolta e,

Joanna de Ângelis / Divaldo Franco

na convivência com outros companheiros igualmente desditosos, introjetou o veneno do ódio, mais se infelicitando.

Na atualidade, encontram-se-lhe assinaladas na conduta as reações de mágoa e de vingança contra a Humanidade, que passou a detestar. Convidado ao renascimento, imprimiu nos tecidos sutis do cérebro as impressões grotescas que lhe influenciam as conexões neuroniais, dando lugar a uma personalidade alienada, insensível, hedionda.

Em face da Lei de Causa e Efeito, renasceu em um lar desagregado, a fim de experimentar os efeitos infelizes das suas ações nefastas, padecendo a injunção de sofrimentos impostos pela mãe enferma ou alcoólica, do pai desarvorado e destituído de compaixão, que lhe aplicaram injustificadas punições ou o expulsaram do lar, atirando-o na voragem das ruas infectas e sombrias da criminalidade.

Sob outro aspecto, num ambiente mais róseo, econômica e moralmente, desenvolveu a inveja e a amargura, não conseguindo superar a inferioridade espiritual que o precipitou novamente nos desvãos da perversidade, cultivando desdém contra as demais criaturas, desejando crivá-las de espículos dolorosos.

Em alguns quadros da esquizofrenia, encontramos o paciente perverso, que é totalmente destituído de sentimento de culpa ou de consciência de dever, mantendo-se impassível diante do mais tenebroso comportamento que se permite.

Com imensa capacidade de dissimular os sentimentos, pode manter-se e conduzir-se de maneira afável quanto gentil – assumindo uma personificação saudável – para logo expressar-se na sua realidade cruel, quando maltrata e

Conflitos existenciais

predispõe-se a dizimar aquele contra quem volta o temperamento doentio.

A ausência de amor real, especialmente procedente da genitora, produziu-lhe desvios emocionais, em face de o cérebro padecer a escassez de progesterona e serotonina, que lhe alteram a formação saudável, desarmonizando-lhe as sinapses.

Eis por que, normalmente, o criminoso rude e cruel é fruto de uma convivência infeliz com a mãe desnaturada, que não teve condições de amar ou atender o filho, aplicando-lhe sovas contínuas, agredindo-o com expressões danosas, desenvolvendo nele a capacidade de odiá-la, que se refletiu na sociedade, que ao enfermo emocional também parece culpada pelos sofrimentos experimentados. Toda vez quando agride ou fere, mata ou estupra, no seu inconsciente está fazendo-o à mãe ou ao pai detestados, que pretende destruir.

De alguma forma, essa é a história de criminosos seriais, de bandidos profissionais remunerados para o crime, que apresentam altíssimo índice de crueldade, sem que se deem conta do estado em que se encontram.

As punições legais que lhes são aplicadas, infelizmente, nada conseguem no que diz respeito à sua modificação emocional. Mais correto seriam as tentativas de tratamento psiquiátrico, para torná-los úteis, no cerceamento à liberdade, pelo menos a si mesmos e, mais remotamente, à sociedade, à qual não se sentem vinculados.

Em pessoas de comportamento normal, porém, sem resistências emocionais nem espirituais, a ingestão do ódio, em face de preconceitos e injustiças que lhes são impostos, pode desenvolver a crueldade sobrecarregada com o peso

Joanna de Ângelis / Divaldo Franco

da culpa e da autocompaixão, que lhes tornam o fardo ainda mais afligente.

Na amargura que as domina, surgem crises de arrependimento e, muitas vezes, formulam propósitos de renovação, que se podem fixar quando encontram apoio, afetividade e compreensão fraternal.

A crueldade é morbo terrível que ainda assola muitas emoções.

DESENVOLVIMENTO DA CRUELDADE

Em face dos conflitos que se generalizam nas criaturas humanas, o enfermo emocional quase nunca encontra entendimento ou fator que lhe desperte os sentimentos embotados.

Conseguindo captar simpatias, aparenta ser portador de comportamento normal, não deixando transparecer o que se lhe passa no íntimo.

Pequeno incidente, porém, no trato com os demais, pode atear a labareda que o incendeia, irrompendo o desejo de punir quem lhe criou qualquer embaraço real ou imaginário.

Dissimula, então, o impulso infeliz e planeja, não poucas vezes, com riqueza de detalhes, a melhor maneira de infligir-lhe sofrimentos, experimentando bem-estar antecipado ante a perspectiva do êxito que o transforma em sadista.

Naturalmente, essa conduta cruel teve manifestações na infância, quando cominou padecimentos a aves e animais outros, a crianças que maltratou, desenvolvendo uma

Conflitos existenciais

indiferença por tudo e por todos, que o imunizou à emoção e à piedade.

Diferindo de outros psicopatas, não foge ao convívio social, que no íntimo despreza, para poder estar mais próximo das futuras presas que elege, motivado pela inveja, pelo despeito ou simplesmente porque se encontra ao lado de alguém, que está no momento errado, no lugar equivocado...

Quanto mais se aplica à crueldade, o doente mais adquire habilidade para ocultá-la e torná-la pior, ela alcançando níveis perversos impensáveis pela mente saudável.

Surpreendido, nos primeiros tentames, não tem explicação plausível para a morbidez, nem justificativa coerente para a ação nefária.

O prazer decorrente do crime oculto estimula-o ao prosseguimento da ação doentia, não se detendo diante de novos cometimentos infelizes.

Portador de vida interior muito ativa, em face da conduta que se permite, é sagaz e rápido no raciocínio, escamoteando a verdade e comprazendo-se em iludir até tombar nas armadilhas que programa para os demais.

Não experimenta qualquer arrependimento pelos atos praticados, o que o leva a ceifar a vida de pessoas que deveriam ser queridas: genitores, familiares outros, amigos, com a mesma indiferença com que interromperia a existência de um ser abjeto.

Nem todos, porém, são induzidos ao homicídio, podendo permanecer na periferia da prática hedionda, maltratando, de maneiras outras, aqueles que se lhes acercam, mediante indiferença real ou bem-trabalhada, desdenhando os valores morais e sociais que dignificam a Humanidade, fazendo-se hábeis na arte de ironizar e mentir, colocando-

Joanna de Ângelis / Divaldo Franco

-se acima do Bem e do Mal, como se fossem inatingíveis no ignóbil procedimento a que se entregam.

Allan Kardec, na questão de nº 752, interrogou as Entidades venerandas: "Podemos ligar o sentimento de crueldade ao instinto de destruição?" Recebeu como resposta sábia: "*É o próprio instinto de destruição no que ele tem de pior, porque se a destruição é, às vezes, necessária, a crueldade jamais o é. Ela é sempre a consequência de uma natureza má.*" Os indivíduos cruéis são sonâmbulos emocionais que torpedeiam quanto podem os objetivos nobres e dignificadores da espécie humana.

TERAPIA PARA A CRUELDADE

Diante desses infelizes infelicitadores são necessárias condutas de segurança moral, a fim de que as suas provocações bem-urdidas não se transformem em razão de sofrimento ou de angústia geral e /ou pessoal.

Credores de compaixão, mais necessitados se encontram de tratamento cuidadoso, mediante psicoterapias especializadas, nas quais o psicoterapeuta pode recorrer à regressão de memória, para diminuir-lhes o fluxo dos sentimentos contraditórios que ressumam do inconsciente, alterando-lhes as fixações de perversidade como mecanismo de vingança infeliz.

Praxiterapias valiosas, bem aplicadas, conseguem gerar interesse por atividades dantes desconsideradas, desviando a mente da obstinação cruel.

Conflitos existenciais

Conversações pacientes e contínuas, músicas relaxantes, danças e todo o arsenal psicoterapêutico ao alcance dos nobres psicólogos, conforme a Escola a que se vinculem, são recursos valiosos para auxiliar o paciente cruel.

Em casos especiais, a terapia psiquiátrica auxiliará na regularização das neurocomunicações, restabelecendo, a longo prazo, o correspondente equilíbrio.

Ao mesmo tempo, a terapêutica espírita da bioenergia consegue efeitos salutares, por alcançar os delicados campos de energia no Espírito reencarnado, renovando-lhe o raciocínio e orientando-o.

Muito provavelmente, nos casos de crueldade, encontram-se vinculados os Espíritos que foram vítimas do paciente e dele se utilizam para o comércio doentio da vampirização, roubando-lhe forças preciosas e vingando-se, dessa forma, do padecimento que lhes foi imposto.

Nesse caso, as atividades de desobsessão constituem recurso inabordável, rico de valiosos processos libertadores, em face dos diálogos que podem ser mantidos com os enfermos desencarnados, auxiliando-os no entendimento das Leis Divinas e quanto à necessidade de também alcançarem a felicidade que lhes está reservada.

Unindo-se, portanto, os recursos terapêuticos das doutrinas psicológicas com aqueles do Espiritismo, o paciente torna-se o campo experimental positivo, no qual o amor e a caridade dão-se as mãos para auxiliar, rompendo as algemas do passado e delineando a paisagem feliz do futuro.

Todos os indivíduos, compreensivelmente com as suas exceções inevitáveis, experimentam, uma que outra vez ou com certa insistência, repentinas crises de crueldade, quando são agredidos, maltratados ou discriminados...

Conveniente a manutenção da terapia preventiva, mediante a reflexão ponderada, a meditação, a oração e a prática incessante da caridade, que robustecem os sentimentos e aumentam a capacidade de resistência pessoal à invasão dos agentes destrutivos da saúde e da paz.

10
VIOLÊNCIA

PSICOGÊNESE DA VIOLÊNCIA
DESENVOLVIMENTO DA VIOLÊNCIA
TERAPIA LIBERTADORA DA VIOLÊNCIA

PSICOGÊNESE DA VIOLÊNCIA

No processo antropossociopsicológico da evolução, o princípio espiritual adquire experiências, emoções e conhecimentos através do trânsito pelos diferentes reinos da Natureza, nos quais desabrocham os recursos divinos que se lhe encontram em germe.

Dormindo no mineral, lentamente exteriorizam-se-lhe as energias de aglutinação molecular, ampliando as possibilidades no despertar do vegetal, quando cresce em recursos de sensibilidade, a fim de liberar os instintos no trânsito animal, desabrochando as faculdades da inteligência, da razão, da consciência na fase humana, e avançando para a conquista da intuição, que se dá no período angélico.

Em face das centenas de milhões de anos transitando nas experiências rudimentares, transfere, naturalmente, de uma fase para outra as conquistas logradas, ampliando as possibilidades de desenvolvimento na imediata, em que

Joanna de Ângelis / Divaldo Franco

supera os impositivos anteriores, para insculpir as novas aquisições.

No salto das expressões animais para o ciclo de humanidade, durante muito tempo tem lugar a fixação dos instintos e dos automatismos fisiológicos, que se transferem para a manutenção da existência, enquanto eclodem as faculdades superiores da vida, que se encarregarão de liberar-se das constrições penosas do primarismo.

Esse estágio, o trânsito entre a fase anterior – instintiva – e a que se apresenta – consciência –, caracteriza-se por uma predominância poderosa dos hábitos automáticos e dos fenômenos de defesa e preservação da vida, pela predação inconsciente que mantém o Espírito violento, agressivo...

Em alguns casos, ocorrem os fenômenos do medo de enfrentamentos e a permanência das paixões vigorosas portadoras de caráter competitivo, defensivo e agressivo, que desencadeiam a violência.

Há demoradas discussões médicas em torno da questão da violência e da saúde, constantes estudos epidemiológicos procurando encontrar criminosos que apresentem distúrbios mentais, havendo-se chegado à conclusão, quase generalizada, de que a insanidade psíquica não seria responsável pela alta incidência de ocorrências criminosas.

Somos, no entanto, de parecer que as tendências biológicas – enfoque também biopsicológico – levam à violência, que se apresentaria como decorrência de componentes biológicos e psicológicos descompensados, resultantes das gravações das heranças espirituais no cérebro do indivíduo. Os fatores sociais apresentar-se-iam como decorrência das condutas no contexto da sociedade.

Conflitos existenciais

Caracteres morais sem resistência diante de discriminações impostas por circunstâncias sociais ou econômicas, sempre injustas, estimulam à reação pela violência, recurso audacioso de que os fracos se utilizam para impor-se, superando os conflitos daquilo que consideram como inferioridade, que é espicaçada pela perversidade de leis impiedosas ou pela sociedade egoísta e indiferente.

É natural que a criatura humana seja dirigida pelas suas paixões, enquanto nela prevalecem os remanescentes ancestrais do processo evolutivo. Não conseguindo aquilo a que aspira de uma forma pacífica, apela para a violência, pouco dependendo de forças físicas, no que os muito fracos podem vencer os fortes ou os menos inteligentes superam os lúcidos e cultos, graças aos ardis do instinto predador de que são possuidores.

Em tal conjuntura, o paciente pode ser considerado como portador de personalidade antissocial que, segundo o Código Internacional de Doenças (CID-10), trata-se de um transtorno de personalidade caracterizado por um desprezo das obrigações sociais e falta de empatia para com os outros.

Representaria um considerável desvio conflitivo entre a conduta e os critérios estabelecidos, tornando-se difícil de ser corrigido, mesmo que sob injunções penosas, quais as de correção ou de punição, ou mesmo no defrontar de situações profundamente adversas.

Nem todos os autores consideram o paciente violento como portador de personalidade antissocial.

Como, porém, nele existe uma baixa resistência às frustrações, às lutas, aos desafios, com tendência de culpar os outros ou de tornar-se radical diante de quaisquer ocorrências ou conceitos em que se apoie, termina por voltar-se contra a sociedade que o hospeda, transformando-se em portador de um transtorno amoral ou associal da personalidade.

Por sua vez, o Manual de Diagnóstico e Estatística de Doenças Mentais (DSM-IV) elucida que se pode identificar o portador do transtorno da personalidade antissocial, graças a um padrão invasivo de desrespeito e violação dos direitos dos outros, que se inicia na infância ou começo da adolescência e continua na idade adulta.

O indivíduo incurso nessa definição é incapaz de sentir remorso – como ocorre com os portadores de crueldade, igualmente caracterizados pelo transtorno antissocial da personalidade –, sendo que são conscientes do que fazem, no entanto, permanecem totalmente irresponsáveis.

Quando não se apresenta indiferente às consequências dos seus atos, executa um mecanismo de realização superficial para justificar a ação criminosa, quando esta ocorre, ou maltrata, furta, rouba outrem, não apresentando qualquer sentimento de culpa.

Sempre se crê portador de razão, justificando que os outros são imbecis, havendo recebido o que merecem da vida.

Nunca procura modificar a conduta ou receber assistência que o conduziria ao equilíbrio moral e social.

Desenvolvimento da violência

O cinismo é uma expressão que caracteriza a conduta do indivíduo violento, que surge no período infantil – quando patológica –, prolongando-se pela adolescência, em que revela os pendores agressivos com mais intensidade, assim alcançando a idade adulta, sem uma adaptação equilibrada ao meio social.

Esse tipo de sociopatia faculta ao paciente uma existência egocêntrica, conduta teatral, superficial, sem controle da impulsividade, possuidor de muita leviandade, ausência de sentimentos fraternos em relação às demais pessoas, acreditando-se portador de valores que realmente não tem.

Não dispondo de um sentimento organizado, é insensível ao amor, embora exigente e insatisfeito, sempre demonstrando ressentimento contra as pessoas a quem não se afeiçoa. Invariavelmente é hábil na maneira de manipular aqueles com quem convive, mentindo desordenadamente, sem escrúpulos, duvidando da inteligência dos outros...

Quando desmascarado na conduta excêntrica e mentirosa que se permite, parece arrepender-se, a fim de cativar as suas vítimas, mantendo-se, porém, insensível a qualquer transformação moral para melhor.

Sempre sabe dissimular o comportamento, tornando--se gentil e simpático, o que levou a corrente americana de psiquiatras antipsiquiatria a sugerir que esse tipo de sociopata fosse excluído das classificações da doutrina mental, elucidando que o problema era mais de natureza moral e ética do que médica.

Sem dúvida, mesmo acreditando-se que o transtorno seria exclusivamente moral, torna-se necessária a ajuda médica, a fim de corrigir perturbações nas sinapses neuroniais que geram o desconforto comportamental.

Este tipo de transtorno da personalidade apresenta-se desde o contexto familial, como de outras maneiras, quais sejam: não socializado, socializado, desafiador de oposição.

Revela-se na convivência doméstica, escolar, comunitária, na área de serviço quando o paciente trabalha regularmente, manifestando-se em conduta agressiva, culminando, quase sempre, em lutas com ou sem armas.

Quando não se pode desforçar naqueles que considera como adversários, maltrata os animais, as plantas, destrói objetos pertencentes aos que tem como desafetos, de forma que produza mal-estar, ou entrega-se a verdadeiros comportamentos de vandalismo, que podem levar a lamentáveis ações de terrorismo covarde, qual vem ocorrendo na atualidade...

Na juventude, sentindo-se frustrado, portanto, irrealizado, pode entregar-se a estupros, em face de conflitos a respeito da própria sexualidade desequilibrada.

Ainda na esteira de conduta irregular, o paciente, sentindo-se dominado pela violência e, não dispondo de coragem para a agressão, na qual pode ser vítima da impulsividade, derrapa em furtos e roubos, rejubilando-se com os prejuízos que causa a outros indivíduos e à comunidade, que procura depredar na insânia que o devasta.

Estudos cuidadosos demonstraram que alguns desses transtornos geradores de violência intermitente podem decorrer de desajustes do sistema nervoso central.

Neste capítulo, podem-se destacar, nos jovens em especial, perturbações profundas que geram alterações disrítmicas do sistema nervoso central, podendo ser consideradas como hiperatividade com déficit de atenção.

Desajustando-se, cada vez mais, o paciente pode tombar num transtorno psicótico com delírios, que o leva a ações criminosas hediondas, sem dar-se conta do total desequilíbrio que o devasta.

Esse tipo de delírio é, quase sempre, de natureza persecutória – a mania de perseguição – em legítimas crises de paranoia, quando se sente acossado por pessoas ou grupos que se organizam com o fim de destruí-lo, por não o amarem, em razão de ele estar programado para ações humanitárias e salvadoras da sociedade...

Nesse quadro, a agressividade e o crime são quase que inevitáveis.

Estando instalada a sociopatia, a única providência deverá ser de emergência, recomendada pela Psiquiatria.

TERAPIA LIBERTADORA DA VIOLÊNCIA

A psicoterapia é de considerável utilidade em pacientes vítimas da violência.

Tendo-se em vista o largo processo de instalação do distúrbio sociopata da personalidade, o tratamento exige um longo período de libertação das raízes perturbadoras, que deram surgimento à insensibilidade e a todo o cortejo de distúrbios do comportamento.

O paciente necessita de verdadeiro contributo de afetividade na família, a fim de reencontrar a autoconfiança e desenvolver a autoestima profundamente desorganizada.

Concomitantemente, em persistindo a conduta instável quanto agressiva, o tratamento psiquiátrico, através de medicamentos específicos, auxiliá-lo-á na reorganização do sistema nervoso central e no restabelecimento das neurocomunicações deficientes, de cuja mudança orgânica resultarão benefícios psicossociais em seu favor.

Vivendo-se num clima de intercâmbio de mentes, inevitavelmente, adversários do enfermo e da sociedade nele encontram excelente campo de fixação dos seus sentimentos ignóbeis, dando lugar aos complexos mecanismos de obsessões graves, que exigem os valiosos contributos da bioenergia e da doutrinação dos verdugos desencarnados.

A inclinação para a violência atrai equivalentes do *Além-túmulo*, gerando intercâmbio pernicioso, no qual a ferocidade das personalidades intrusas mescla-se com o temperamento desorganizado do hospedeiro, tornando-se mais grave a doença que ameaça o cidadão e a sociedade.

Na terapia de natureza psicológica deve ser introduzida a orientação para leituras saudáveis, que podem sensibilizar o enfermo, apresentando-lhe outros padrões de conduta, as elevadas expressões de solidariedade, de compaixão, de amor, de caridade, que existem no mundo, facultando-lhe a autorrealização e a plenitude.

O recurso da prece, por sua vez, irá proporcionar-lhe momentos de reflexão e de bem-estar, mesmo que no início tenha dificuldade em sintonizar com as *Fontes Geradoras da Vida*, o que é compreensível.

Criado o hábito, este atrairá os benfeitores do Mundo maior que passarão a libertar o paciente das vinculações mórbidas da obsessão, inspirando-o a novos cometimentos, nos quais encontrará prazer, constatando que o seu não é um problema isolado, mas faz parte das lutas nas quais se encontra a Humanidade.

Quando as criaturas, na infância e na adolescência, puderem fruir do conhecimento espiritual, educando-se em contato com a *Vida Abundante*, os vínculos com o passado infeliz de onde procedem afrouxar-se-ão, evitando o

Conflitos existenciais

restabelecimento das lutas com os inimigos desencarnados, ao tempo em que, compreendendo a realidade do ser, que é imortal, adquirirão equipamentos para impedir-se a eclosão das tendências perturbadoras.

Na educação moral pelo exemplo e pela retidão está a mais eficiente psicoterapia preventiva e, naturalmente, curativa, para todos os distúrbios da sociedade em si mesma, ou daqueles que a constituem como células de relevante importância.

Nada obstante, deflagrados os processos violentos e destrutivos, ainda é possível trabalhar-se o enfermo espiritual com os excelentes recursos psicoterapêuticos da atualidade, acrescidos com os salutares contributos da Doutrina Espírita.

11
NEURASTENIA

PSICOGÊNESE DA NEURASTENIA
DESENVOLVIMENTO DA NEURASTENIA
TERAPIA PARA A NEURASTENIA

PSICOGÊNESE DA NEURASTENIA

A neurastenia, anteriormente conhecida como debilidade dos nervos, passou a ser introduzida nos estudos psiquiátricos a partir das propostas do americano Dr. G. M. Beard, em 1879, facultando que, em 1894, Müller apresentasse um estudo bem-elaborado, embora sintético, sobre essa síndrome perturbadora.

Ainda no século XIX, Weir Mitchell definiu o extremo cansaço de qualquer natureza – físico, emocional e mental – como responsável pelo desencadeamento desse transtorno neurótico.

Vivia-se, então, o período dos estudos da histeria, havendo merecido de Pierre Janet e outros estudiosos, associá-la, bem como os seus efeitos, à disfunção orgânica geradora do processo de conversão...

À medida que os avanços do conhecimento ampliaram o estudo dos transtornos neuróticos e psicóticos, e a Bioquímica facultou serem entendidos em maior profun-

Joanna de Ângelis / Divaldo Franco

didade, eliminou-se a possibilidade de que substâncias específicas fossem responsáveis pela irrupção da neurastenia.

Passou-se a considerar com mais propriedade a neurastenia e as organoneuroses como enfermidades de adaptação, portanto, como alterações do mecanismo normal de adaptabilidade do indivíduo. Entretanto, cuidadosas observações, como, por exemplo, as de Cannon, constataram um aumento de secreção da adrenalina sobre a atividade muscular, avolumando, por consequência, a combustão do glicogênio e produzindo a diminuição do nível da glicose no sangue, afetando o sistema neurovegetativo.

Acredita-se, dessa forma, que a neurastenia resulte de uma espécie de fuga da realidade, como escusa inconsciente do paciente em relação aos fracassos pessoais, às realidades de natureza perturbadora. Ocorre, então, uma perda de interesse pelos acontecimentos e desmotivação para realizações enobrecedoras, por ausência de autoestima e de coragem para ultrapassar os limites exigíveis.

Não é possível negar-se que a neurastenia vincula-se muito aos processos organoneuróticos, em face da ansiedade que é liberada por via somática mediante a utilização do sistema vago-simpático. Por outro lado, diversos autores descrevem o transtorno neurastênico como estando mais próximo da histeria, preferindo outros, ainda, caracterizá--la como expressão depressiva com manifestações maníacas e tendência à esquizofrenia.

Sem dúvida, o cansaço demasiado desempenha um papel fundamental na eclosão do processo neurastênico, por produzir a fatigabilidade, que poderia ser transitória, não fossem a sua continuidade e permanência, tornando--se patológico esse esgotamento nervoso, decorrente da estafa, desde que o repouso não logra restabelecer o equilíbrio somático.

É nesse estágio que se apresentam a irritabilidade, o mau humor, o pessimismo, caracterizando a presença da neurastenia.

Igualmente, pode-se registrar esta síndrome em indivíduos portadores de constituição física astênica, embora não estejam bem definidas as razões da ocorrência perturbadora desta psiconeurose.

Por certo, não se trata somente do excesso de atividade em si mesmo, mas da forma como o trabalho é desenvolvido, das motivações que o promovem, das compensações que faculta.

Deflui das frustrações que se ocultam no inconsciente e propelem aos esforços exagerados. Noutras vezes, são a culpa decorrente da insatisfação, da necessidade de autorrealização, mas destituída de autoconfiança em relação ao seu êxito, ou da imposição exibicionista de aparecer, como também da timidez que necessita de proteção, mesmo que inconsciente.

Quando o móvel do trabalho é idealista e plenificador, os estímulos emocionais diluem a estafa ou facilitam a renovação de forças, sem que o cansaço desarticule os equipamentos do sistema vago-vegetativo.

Na nosologia da neurastenia, a ansiedade é responsável pela incompletude do paciente que trabalha com afã e, mesmo quando em repouso permanece em agitação, acreditando-se defraudador do tempo e de conduta irresponsável.

Estudos cuidadosos revelaram a ação da adrenalina secretada pelas glândulas suprarrenais como desencadeadora de distúrbios glicêmicos, que poderiam apresentar-se em síndrome neurastênica.

Incontestavelmente, porém, é o Espírito e não o corpo o responsável pelo distúrbio, em face da culpa decorrente da ociosidade e da extorsão de outras vidas em existências pretéritas, agora gerando os processos de recuperação através do refazimento doloroso.

A instabilidade emocional em forma de labilidade impele-o ao trabalho descontrolado que o atormenta, quando deveria ser-lhe terapêutico.

As consequências da neurastenia são destrutivas, quando não tratadas com eficiência, tornando-se crônicas. Carrega um vasto contingente de conflitos embutidos, e principalmente os derivados da insatisfação.

Desenvolvimento da neurastenia

A ansiedade mórbida surge em qualquer período da existência humana.

À medida que se instala, irrompem os sintomas inquietantes, dentre os quais a irritabilidade se destaca.

Podem surgir acompanhados de inapetência ou glutoneria, esta última na condição de fuga do conflito interno não detectado pelo Eu consciente.

Com o tempo, os episódios de insônia ou de interrupção do sono aumentam de intensidade, tornando as noites do paciente desagradáveis e o despertar angustiante, exaustivo...

À medida, porém, que o dia avança, ocorre uma melhor adaptação, culminando com certo equilíbrio ao entardecer.

Conflitos existenciais

Há sempre uma hiperfatigabilidade, preocupação demasiada com a saúde, insegurança no comportamento.

No homem, os efeitos podem expressar-se também como impotência sexual, enquanto que, nas mulheres, ocorrem as dismenorreias.

Surgem, quando em estado mais avançado, o processo patológico, paresias e complexidades nervosas que atormentam o enfermo.

Sem orientação, ou desprezando-a quando a tem, mais ansiedade acrescenta às suas ações e atividades, piorando o quadro.

Os relacionamentos fazem-se difíceis em face do mau humor do enfermo e certa dose de pessimismo e desconfiança a que se entrega.

Podem-se acrescentar processos físicos de perturbação orgânica, como extrassístoles, debilidade de forças, sudorese fria e abundante, pulsação irregular, sempre sob a injunção da ansiedade mórbida.

A neurastenia é síndrome grave que se avoluma no organismo social, devorando belas florações da esperança humana.

Confundida com transtornos neuróticos, mereceu de Freud, quando da análise destes últimos, o conceito de que se trata de uma repressão incompleta pelo *ego* de impulsos do *id*. O impulso, quando reprimido, ameaça, embora a repressão procure impedir a sua irrupção na consciência e na conduta. Nas tentativas de defender-se de novos impulsos, toma corpo a conduta neurótica buscando de alguma forma a substituição deles, em esforço contínuo para afastá--los totalmente.

Joanna de Ângelis / Divaldo Franco

Considerando os critérios de duração e de intensidade, Freud classificou as neuroses, em face do conflito desencadeador e da espécie de constituição.

Mesmo nesses casos, na essência de qualquer conflito está o Espírito insatisfeito com a conduta, assinalado pelo sofrimento decorrente do erro que necessita ser reparado, a fim de que haja o equilíbrio da consciência, portanto, a liberação da culpa nela embutida.

Na larga jornada evolutiva, as experiências dolorosas assinalam o ser por largo período, produzindo dificuldades de compreensão das finalidades essenciais e nobres da vida.

Com o decorrer e o vivenciar de novas experiências, tornam-se muito complexas as ocorrências que devem ser trabalhadas, dando lugar aos conflitos que se transferem de uma para outra reencarnação, gerando distúrbios de comportamento, indecisão, timidez, angústia, transtornos neuróticos, que o trabalho paciente da psicoterapia e da renovação pessoal logram superar.

Nas análises das reencarnações sucessivas encontram-se as melhores respostas para toda sorte de perturbação e de impulsos incontroláveis que aturdem os seres humanos.

Quando faltam o interesse por uma existência feliz e o discernimento para compreender e realizar o melhor método em favor de uma trajetória feliz, o indivíduo estorcega nas vascas da agonia, sem confiança nem paz, que lhe facultem prosseguir nos empreendimentos abraçados ou por abraçar de forma realizadora.

A astúcia, que caracteriza o primarismo do ser humano, é responsável por atitudes infelizes que supõe compatíveis com os objetivos de lograr resultados satisfatórios, utilizando-se de recursos ignóbeis para os conseguir. Acre-

Conflitos existenciais

ditando, o astuto, na ingenuidade alheia ou na sua ignorância em torno dos métodos utilizados, olvida-se de que
a própria consciência torna-se o juiz reto que não pode
ser ludibriado e que sempre impõe as punições reparadoras
como recurso de tranquilidade.

Eis por que assomam tormentos e inquietações que
parecem não ter procedência, quando, em realidade, são
o ressumar dos comportamentos morais negativos que ele
se permitiu.

TERAPIA PARA A NEURASTENIA

A psicoterapia é portadora de excelente arsenal de recursos para atender o paciente neurastênico.

Inicialmente, torna-se indispensável que o mesmo reconheça o estado em que se encontra e opte pela ajuda que
lhe será valiosa, predispondo-se à aceitação do tratamento.

Mediante os estímulos novos do psicoterapeuta, ocorre a remoção da culpa e dos tormentos internos,
através de uma análise da realidade em que o paciente se
encontra, altera-se-lhe o anterior impulso para o trabalho
como autorrealização punitiva, abrindo-lhe campo não experimentado de prazer durante a execução das atividades.

É o que ocorre com os cientistas, artistas, estudantes,
buscadores de ideais e concretizadores de sonhos, que se
entregam a esforços sobre-humanos, às vezes, sem que a
estafa exaustiva tome conta das suas energias. Experimentado o cansaço, o natural repouso proporciona o renovar
das forças, facultando o prosseguimento das atividades
abraçadas.

No caso de neurastenia, a terapêutica psicológica substitui perfeitamente a de natureza psiquiátrica, devendo-se evitar as recomendações para uso de drogas químicas, exceto quando o quadro se apresentar caracterizado por transtornos mais graves em trânsito para a queda em alienação esquizofrênica.

A conversação com o psicoterapeuta, que deverá infundir confiança, pesquisando as causas dos conflitos – culpa, insatisfação, frustração, exibicionismo –, ensejará a aceitação da própria realidade e emulará na renovação dos conceitos existenciais favoráveis ao bem-estar.

Como podem suceder recidivas, o que, muitas vezes, sucede, o psicoterapeuta deverá recorrer ao encorajamento constante do paciente, sem exageros, como aqueles que transformam o distúrbio em quesito de menor importância, bem como aos ideais de enobrecimento pessoal, de maneira que passe a experimentar alegria sem a agitação a que se entregava, e na qual parecia satisfeito...

Nesse processo de recuperação, fazem-se valiosos os recursos espíritas da bioenergia, sob todos os ângulos considerada, de forma que ocorra a renovação interior e se robusteçam as disposições íntimas para a saúde.

O paciente neurastênico espera sempre encontrar compreensão de todos: familiares, amigos, colegas de trabalho, sociedade... o que nem sempre é possível, tendo em vista as dificuldades que assinalam as demais pessoas. No entanto, é sempre viável a cooperação fraternal daqueles que estão próximos do enfermo, laborando com ele em favor da sua recuperação.

No atual contexto social, quase todas as pessoas se defrontam com dificuldades e enfrentam desafios para os quais

Conflitos existenciais

não se encontram psicologicamente preparadas, sofrendo-lhes os efeitos danosos e tendo problemas para superá-los.

As propostas da Doutrina Espírita, em forma de psicoterapia em grupo, atendem perfeitamente as necessidades humanas, individuais e coletivas, iluminando as consciências, amparando os sentimentos e orientando a razão para os rumos libertadores da paz e da autorrealização.

Com essa visão diferente a respeito do mundo transitório e a certeza da imortalidade do Espírito, os horizontes a serem conquistados ampliam-se e incomparável alegria toma conta do indivíduo, que atravessa a estreita passagem por onde deambula, antegozando a esplendorosa paisagem do futuro.

Desse modo, o paciente neurastênico adquire autoconfiança, e o repouso torna-se-lhe refazente, gratificante, permitindo que os fenômenos de perturbação cedam lugar ao equilíbrio e instala-se-lhe a saúde emocional.

12
DROGADIÇÃO

FATORES CAUSAIS DA DROGADIÇÃO
DEPENDÊNCIA QUÍMICA
TERAPIA DE URGÊNCIA

FATORES CAUSAIS DA DROGADIÇÃO

A drogadição constitui, na atualidade, um dos mais graves problemas de saúde mental e orgânica, em face das substâncias tóxicas que exercem sobre o sistema nervoso um predomínio perturbador.

Neste capítulo, incluímos o alcoolismo e todas as suas lamentáveis consequências pessoais, familiares e sociais, arrastando milhões de vítimas aos abismos da loucura, do crime e do suicídio perverso.

Os primeiros prejuízos orgânicos decorrem da perturbação produzida na corticalidade do sistema nervoso, que se encarrega do controle, em face da inibição que proporciona dos centros nervosos inferiores, logo afetando as fibras do feixe frontal talâmico, diminuindo as inibições e produzindo manifestações, por exibição, de emoções antes freadas e que se apresentam excitadas e dominantes.

Posteriormente, alcança o cerebelo, produzindo desgovernação dos movimentos, para logo seguir gerando a

Joanna de Ângelis / Divaldo Franco

paralisia do nervo vagal, que responde pelo equilíbrio existente entre o ritmo cardíaco e o respiratório, tornando-se, em geral, o responsável pela morte do viciado.

Na psicogênese da drogadição encontra-se o Espírito aturdido, inseguro, às vezes revoltado, que traz do passado uma alta carga de frustrações e de rebeldia.

Na fase pré-tóxica, pode-se identificar o dependente como uma personalidade psicopática evoluindo para o processo esquizofrênico.

Igualmente se tem constatado nos oligofrênicos certa disposição para o uso de substâncias tóxicas, ou mesmo entre os deficientes mentais, por uma necessidade de afirmação da personalidade, em face da rejeição experimentada ou de alguns preconceitos que o consideram incapaz de realizações mais significativas. Dessa forma, anulando o senso de equilíbrio, esses indivíduos encontram nas drogas um estimulante para alcançar níveis superiores de comunicação e de realização, mesmo que de maneira arbitrária.

Assim, existem níveis diferentes de pessoas que podem tombar nas malhas da drogadição:

a) aquelas que se apresentam atemorizadas, receando a vida, que lhes parece sempre injusta e perversa, destituídas de tolerância em relação às próprias frustrações;

b) aqueloutras que podem ser consideradas dependentes, isto é, para quem a existência deve ser sempre agradável e compensadora, buscando, na droga química, seja qual for, uma fuga da realidade que, em face da sua injunção aflitiva, deve ser negada ou apagada a qualquer preço...

O primeiro grupo encontra no uso da droga a segurança que falta no estado de lucidez, embora reconheça que é de curta duração, mantendo a expectativa de renovação

Conflitos existenciais

de outras doses até o desespero que não tarda. O segundo, vitimado pela ansiedade, refugia-se no tóxico, evitando o trânsito pelas situações desafiadoras para as quais acredita--se incapaz de enfrentamento.

Porque o entorpecente minora as tensões inibitórias, facilitando a irrupção de condutas recusadas pelo *ego*, sejam edificantes ou delituosas, o paciente recorre-lhe ao uso, em forma de refúgio, que sempre se transforma em terrível cárcere de agonia incessante.

Sem dúvida, os conflitos do lar contribuem expressivamente para a fuga na direção das drogas. A ausência de diálogo entre os genitores e filhos, as agressões, as conversações doentias e a falta de carinho, no que diz respeito à educação doméstica, expulsam o adolescente – muitas vezes a criança – do convívio da família para os traficantes impiedosos, que os adotam, extorquindo-lhes dinheiro e matando-lhes a esperança de uma vida saudável.

Os conflitos internos que aturdem o jovem ou o adulto que sente insegurança na realização de alguns cometimentos, respondem pela procura de determinadas drogas estimulantes que lhes propiciam segurança na primeira fase da intoxicação, em razão do estímulo cortical, que proporciona certa vivacidade intelectual, respondendo pela euforia e audácia nos gestos. É comum o acontecimento em determinados indivíduos que exercem profissões liberais e são convocados amiúde a ações desafiadoras que temem não poder executá-las com segurança e que o fazem sob a injunção do álcool, de diversas drogas, tais: a morfina, a cocaína, o *crack* ou outra qualquer...

Não poucos viciados renitentes são vítimas do mesmo hábito que mantiveram em existência anterior, na qual

Joanna de Ângelis / Divaldo Franco

mergulharam em abismo profundo e retornaram com as marcas da dependência que os consome, avançando para expiações muito graves no futuro.

Sob outro aspecto, as vinculações com personalidades psicopatas desencarnadas ou inimigos pessoais de outras experiências carnais respondem pela sua indução à dependência viciosa, na qual também se comprazem em mecanismos de vampirização cruel, em verdadeira interdependência espiritual.

Sem a menor dúvida, é o Espírito enfermo aquele que mergulha no poço asfixiante da drogadição, arrastando os efeitos da conduta reencarnacionista e dos compromissos alienantes da atualidade na qual se encontra.

Dependência química

Iniciado o uso de qualquer substância química tóxica, após a euforia mentirosa e a queda na angústia pela falta do estímulo artificial, muitas vezes o paciente experimenta mal-estar compreensível.

Os relacionamentos sedutores e os grupos de convivência doentia encarregam-se de proporcionar novos estímulos e, ao repetir a experiência, inicia-se a torpe dependência que leva aos desastres mais imprevisíveis, tanto em relação ao desgaste orgânico como à degenerescência mental e emocional, e também aos imprevisíveis desvios para o crime: furto, roubo, agressão, homicídio, suicídio...

Porque reconhece o comportamento criticável de que é portador, o viciado em tóxicos torna-se desconfiado, dissimulador, agressivo, mentiroso, avançando no rumo de in-

Conflitos existenciais

terpretações delirantes que, às vezes, se convertem em transtornos paranoides.

Invariavelmente, o viciado nega o uso de drogas com tanta segurança que engana mesmo aqueles que são conhecedores da problemática.

De início, uma pequena dose é suficiente para gerar estímulos agradáveis em alguns pacientes, enquanto outros são empurrados para os porões do inconsciente, sendo vítimas de terríveis alucinações, que os desvairam.

A falta de contato contínuo dos genitores com os filhos, não lhes percebendo as primeiras alterações de conduta quando ocorre a iniciação, permite que eles se entreguem ao vício com assiduidade, criando dependência grave que, ao ser percebida, já exige terapia cuidadosa e prolongada.

Nesse caso, o alcoolismo instala-se, em razão do uso da substância etílica fazer parte do jogo social, dos relacionamentos que primam pela futilidade e por falta de profundidade, permanecendo na superfície das aparências, que proporcionam as libações contínuas de cervejas, vinhos e outros sofisticados produtos, como forma de esconder o desinteresse que sentem umas criaturas por outras.

Perigoso, pela facilidade com que são encontradas as bebidas alcoólicas, esse vício tornou-se um grave problema social e de saúde, em razão da sua difusão nas sociedades distintas, como degradadas, levando, a pouco e pouco, o indivíduo a uma situação nociva ao próprio meio no qual transita.

Lares são vergastados pela sevícia dessa dependência, crimes horrendos são praticados pelos seus usuários, agressões vergonhosas e lamentáveis sucedem-se, umas às outras, em voragem alucinante, ceifando muitos milhões

Joanna de Ângelis / Divaldo Franco

de vidas que poderiam ser dignificadas pelo trabalho e pela abstinência do seu enfermiço uso.

Em razão das quantidades ingeridas, desde cedo, os usuários podem expressar quadros psicopáticos, que caracterizam as resistências emocionais e mentais dos indivíduos. Alguns há que são capazes de ingerir volumosa quota de substância alcoólica sem apresentar, de imediato, efeitos danosos. Outros, no entanto, mesmo usando pequenas quantidades, logo aparecem os acidentes psíquicos, uns mais devastadores do que outros, de que não se recorda o enfermo quando recupera a lucidez...

Os dipsômanos, no entanto, são levados de forma irresistível ao uso dessas substâncias, em face da sua ansiedade, embora conscientes da enfermidade que os consome...

Além das heranças genéticas, os traumatismos cranianos e encefalopatias sutis, na infância, também respondem pela tendência ao alcoolismo.

Podemos introduzir, igualmente, na psicogênese do alcoolismo, as obsessões como geradoras do vício, qual ocorre, conforme referido, em outras formas de drogadição.

Os efeitos são terríveis na glândula hepática, nos rins, em todo o aparelho digestivo, com os graves comprometimentos emocionais e mentais.

Nas diversas dependências de drogas químicas, após largo período de uso, podem-se registrar alterações do centro da palavra, com dificuldade de silabação, arrastamento da pronúncia, incapacidade de expressar-se com símbolos correspondentes à linguagem em que se comunica o paciente.

A repressão policial e a falta de educação moral, a ausência de esclarecimento correto em torno dos danos produzidos pelas drogas químicas tóxicas, as dificuldades socioeco-

Conflitos existenciais

nômicas, os conflitos íntimos, os estímulos proporcionados pelas belas e bem-trabalhadas propagandas apresentadas pela mídia, respondem pelo agravamento da epidemia da drogadição que assola a sociedade contemporânea.

O uso abusivo das drogas, em face da dificuldade ou indiferença das demais criaturas para cerceá-lo pelo esclarecimento, vai-se tornando tão natural e quase chique nas denominadas rodas de alto padrão econômico, que ameaça o equilíbrio das criaturas individualmente e da sociedade em geral.

A princípio, a toxicomania produz impacto perturbador, mas, à medida que se avoluma, uma falsa compreensão e tolerância geral finge ser uma forma de conduta da época, como uma válvula para escapar-se à ansiedade, ao estresse, às pressões vigentes, lamentavelmente conduzindo para a loucura, a destruição e a morte...

TERAPIA DE URGÊNCIA

O problema desafiador deve ser enfrentado com coragem e altivez. Equivale a dizer: com clareza e conhecimento de suas causas e efeitos desagregadores.

Quanto mais escamotear-se o drama da drogadição e fingir-se que não é tão grave quanto realmente se apresenta, somente tornará a questão de mais difícil solução e, portanto, mais perversa.

A educação, sem qualquer dúvida, desde a infância, é o recurso terapêutico preventivo mais valioso, porque é mais seguro evitar a dependência do que sair-se do seu cerco escuso.

Diálogos francos e naturais com as crianças e os jovens devem fazer parte das conversações familiares, das disciplinas transversais nas escolas, antes que os traficantes que estagiam em suas portas ou que alguns dependentes que nelas se encontram, comecem a iniciação dessas vítimas inermes, ingênuas e inseguras.

Estabelecida a dependência, tendo-se em vista a sua gravidade, o internamento hospitalar para desintoxicação torna-se indispensável. Mesmo porque a falta do produto leva a desesperos, às vezes, incontroláveis, em cujo período o alucinado comete hediondos crimes, vitimado pelas alucinações que lhe tomam conta das paisagens mentais.

Quando o paciente encontra-se internado sob cuidados médicos especiais, a orientação psiquiátrica saberá ministrar a pequena dose de manutenção, sob controle, e diminuindo-a progressivamente, enquanto a psicoterapia e o tratamento com substâncias específicas se encarregarão de reequilibrar o organismo em descompasso gerado pelo uso danoso e arbitrário.

A praxiterapia, a dançaterapia e outros recursos terapêuticos equivalentes fazem-se necessários, a fim de substituírem os estímulos falsos e tóxicos que as drogas produziram no organismo, danificando-lhe a tecelagem delicada.

Como fator primordial, o interesse do paciente na própria recuperação torna-se indispensável, porquanto, somente com a sua vontade bem-direcionada, poderá superar os momentos difíceis que surgem, confiando nos resultados futuros.

As leituras edificantes, os exercícios físicos bem-programados, não geradores de exaustão nem de ansiedade,

Conflitos existenciais

produzem resultados excelentes, contribuindo para a restauração da saúde.

Jesus, o Psicoterapeuta incomum, asseverou: *"...Tudo é possível àquele que crê".* (MARCOS, 9:23.)

Quando o paciente resolve-se por libertar-se da problemática afligente, crendo no seu restabelecimento, dá um avançado passo na direção da cura, sendo o restante o trabalho desafiador necessário para o êxito do processo.

Em razão disso, não poucas vezes, as forças morais parecem faltar, em face dos transtornos físicos e emocionais, tornando-se necessário que o paciente procure o refúgio da oração, por cuja conduta experimentará a renovação das energias e o encorajamento indispensável para continuar no seu processo de restabelecimento. Por outro lado, os Espíritos amigos acercar-se-lhe-ão, auxiliando-o com a inspiração superior e as energias refazentes de que necessita, a fim de que ocorra a libertação do fosso em que se atirou.

13
TABAGISMO

CAUSAS DO TABAGISMO
INSTALAÇÃO E DANOS DA DEPENDÊNCIA VICIOSA
TERAPIA PARA O TABAGISMO

CAUSAS DO TABAGISMO

O cultivo dos hábitos saudáveis, considerados como virtudes morais, oferece o bem-estar gerador de harmonia pessoal e social. Eles contribuem decisivamente para o equilíbrio orgânico, emocional e psíquico, facultando uma existência realmente prazerosa.

Esses hábitos proporcionadores de felicidade insculpem-se no cerne do ser e ajudam-no a conquistar o processo de autorrealização.

Dentre os mais expressivos e edificantes, em toda a sua grandeza destaca-se a superação do egoísmo através da prática do bem com total desinteresse, definindo o biótipo espiritual triunfador.

Sob outro aspecto, os hábitos viciosos atormentam, desenvolvendo ou ampliando conflitos que entorpecem o indivíduo, enfermando-o, desarticulando-lhe as resistências morais.

Certamente, há aqueles que se afeiçoam com facilidade aos bons costumes e vivenciam-nos com relativa facilidade, em razão de se haverem exercitado em existências anteriores, enquanto outros que tombam na dependência viciosa, estão iniciando-se ainda na experiência da luta para adquirir imunização ao seu contágio.

Os hábitos de qualquer procedência são resultados da dinâmica de manutenção do exercício, mediante a afinidade com este ou aquele, seja possuidor de benefícios ou de aflições.

Quanto mais se repetirem as tentativas e ações, mais serão fixadas no comportamento, tornando-se uma denominada segunda natureza.

Os vícios, pois, decorrem da acomodação mental e moral a situações penosas e equívocas, que exigem esforço para salutar direcionamento, mas que a falsa sensação de prazer transforma-se em desar ou aflição, logo que fruída.

Dentre os denominados vícios sociais destaca-se o tabagismo, de consequências danosas para o organismo físico do dependente da nicotina e dos demais conservantes do fumo, bem como gerando transtorno da emoção.

De duas ordens são as causas do tabagismo: a primeira delas, de natureza subjetiva, porque ínsita no emocional do indivíduo, apresentando-se sob variado elenco de manifestações, tais como a timidez e o medo, o complexo de inferioridade e a insegurança, a baixa estima pessoal e a ansiedade, que resultam de processos anteriores da evolução ou que ressumam dos conteúdos psíquicos inconscientes arcaicos e infantis do fumador.

Nessa situação, é fácil a busca do bastão psicológico de sustentação, no caso em tela o tabaco para mascar ou fumar, mais genericamente em forma de cigarro, charuto ou cachimbo, que é queimado, tendo tragada a sua fumaça.

Sob o ponto de vista psicanalítico, conforme Freud, durante o período de desenvolvimento oral na criança, toda vez que essa apresenta qualquer necessidade e chora, logo recebe a chupeta, a amamentação, o dedo na boca, as guloseimas, indo repetir-se esse fenômeno na idade juvenil e adulta, quando se busca o tabaco na sua forma social e elegante, para restituir a tranquilidade, vencendo aparentemente a ansiedade.

Aquela fase oral do desenvolvimento infantil grava-se no inconsciente, nos seus aspectos positivos e negativos, representando a gratificação que os pais e os familiares oferecem ao bebê com o objetivo de deixá-lo feliz.

Desse modo, na juventude, o cigarro especialmente torna-se o consolo ante as incertezas, os desafios e o apoio psicológico para os temores de enfrentamentos em relação à angústia e principalmente à solidão. Nesse período de incertezas da existência, o jovem experimenta muita ansiedade e sofre grave insegurança, acreditando que, no fumo, irá encontrar os valores que lhe faltam no momento, assim tombando no vício.

Indispensável, dessa forma, entender-se a oralidade, a fim de resguardar-se da fuga para o tabagismo.

A segunda é de natureza objetiva, social, externa, defluente da convivência com outros dependentes da nicotina, que fingem haver adquirido a independência (dos pais, dos familiares, dos mestres), afirmando a personalidade, adentrando-se na sociedade dos adultos, igualmente viciados...

Receando ser discriminado no grupo em que se movimenta, por não proceder de maneira idêntica (relacionamentos-espelho, em que os indivíduos refletem--se na conduta uns dos outros), o jovem ou mesmo o adulto, permite-se a iniciação, nem sempre muito agradável, logo parecendo capaz de afirmar-se perante os demais, já que não tem convicção das próprias possibilidades, tornando-se dependente do vício.

As pressões sociais e emocionais, os incontáveis embates do crescimento como ser inteligente, quando produzem ansiedade e geram inquietação, empurram o incauto para o recurso do bastão psicológico de apoio, com a finalidade enganosa de tranquilizar e inspirar soluções.

Também são sugeridas outras espécies de causas, como sejam: a voluntária, pelo excesso de fumo ou de mastigação do tabaco, e a profissional, que atinge os trabalhadores dessa indústria perversa.

Dependentes das substâncias absorvidas pelo uso do tabaco, alguns desses tipos psicológicos frágeis creem que a ingestão do álcool, mesmo que em doses mínimas, propicia inspiração, qual ocorre no período da sesta, em favor da criatividade, e buscam esse estímulo morbífico.

A criatividade, a inspiração, o êxtase legítimo, decorrem da perfeita lucidez, num período de bem-estar e de integração com o Cosmo, após o esforço da busca para o autoencontro, facultando ao subconsciente ou ao pré--consciente o auxílio necessário e eficaz.

Nesse comportamento, atinge-se com relativa facilidade o *estado alterado de consciência*, em vez de mergulhar--se em *estados de consciência alterada*, pela ingestão de substâncias alucinógenas, portadoras de danos imprevisíveis ao cérebro e aos respectivos departamentos emocional e psíquico do usuário.

Assim, o êxtase deve ser alcançado mediante perfeita sintonia com as faixas sutis da vida, sem a intoxicação resultante de qualquer substância vegetal ou química. Quando ocorre a transcendência temporária na dicotomia sujeito/objeto, dá-se o êxtase, sem qualquer conotação neurótica ou pejorativa, ou ainda, regressão a serviço do *ego*.

Será sempre nesse estado de perfeita afinidade que sucede, facultando o abandono do *ego* e suas injunções para a harmonia com o *Self* numa outra dimensão espaço/tempo.

Os vícios, sejam de qual constituição se apresentem, tornam-se cadeias escravizadoras de consequências lamentáveis para os seus aficionados.

Melhor, portanto, evitar-lhes a instalação do que a posterior luta pela sua superação.

INSTALAÇÃO E DANOS DA DEPENDÊNCIA VICIOSA

Iniciada a experiência desastrosa, sempre que haja qualquer tipo de conflito, de ansiedade, de insegurança, o paciente busca o recurso do tabaco na vã ilusão de alcançar os resultados do bem-estar, da serenidade.

À medida que o organismo intoxica-se, aumenta o índice da necessidade, passando à dependência coercitiva e perturbadora. Simultaneamente aparecem os sinais que tipificam os danos causados ao organismo, que podem vir a sós ou associados uns aos outros.

O tabagismo é responsável, portanto, por diversas enfermidades, especialmente as do sistema nervoso central, como dos aparelhos cardiovascular, respiratório, digestivo e das glândulas endócrinas, com perturbações da fala, acidentes de estenocardia e dos vasos periféricos. Na sua fase aguda, surgem as náuseas, vômitos, desmaios, dores de cabeça, fraqueza nas pernas, sialorreia...

Na ocorrência de insuficiência coronária e bronquite crônica, nas dispepsias gástricas e biliar, diabetes, o tabagismo piora os quadros, levando a desenlaces dolorosos e inevitáveis.

O fumante pensa haver conseguido ganhos com o hábito danoso, como por exemplo fazer parte do círculo de dependentes, sentindo-se aceito e idêntico, especialmente na fase das conquistas amorosas, quando o outro – masculino ou feminino – é viciado.

A ampla divulgação pela mídia de que o fumador é um indivíduo triunfante, conquistador invejável e realizador de façanhas poderosas, contribui para que as personalidades conflitivas busquem o tabaco, a fim de alcançarem realização semelhante. Infelizmente, a mídia não apresenta os seus modelos, quando estão sendo devorados pelo câncer que resulta do hábito inveterado de absorver nicotina em altas doses...

A ilusão proporcionada pelo tabagismo é paradoxal: inicialmente parece que acalma, que dá vitalidade, no entanto, quanto mais a vítima se deixa arrastar pelo uso doentio, mais neurótica, mais insegura e mais instável apresenta-se.

O indivíduo farmacodependente atinge um nível de transtorno de tal monta, que se sente incapaz de enfrentar qualquer tipo de atividade sem o apoio do cigarro, muitas

Conflitos existenciais

vezes mesmo antes de qualquer refeição, a fim de iniciar o dia.

Quando tenta evitar-lhe o uso, e casualmente o anseio da ação não corresponde ao esperado, logo supõe que é a falta do cigarro que se faz responsável pelo que considera insucesso, e recorre-lhe ao apoio, reabastecendo-se de ânimo e formando o círculo vicioso.

Mesmo quando o dependente reconhece os danos que o vício vem-lhe causando ao organismo, teme abandoná-lo, embora o deseje sem grande esforço, prosseguindo, porém, vitimado nas suas garras.

O eminente psiquiatra Sigmund Freud, já referido, denomina esse fenômeno como a *pulsão de morte*, ou seja, a maneira mórbida como a pessoa deixa-se arrastar pelas condutas doentias e destrutivas.

Fenômeno especial ocorre nessa como em qualquer outra dependência viciosa, que é a presença de Espíritos igualmente enfermiços que se utilizam do paciente para a convivência obsessiva, dando prosseguimento aos hábitos infelizes em que se compraziam e ora sentem falta, em face da ausência da organização física.

Assim, estabelecem-se ligações mórbidas, ensejando processos de vampirização que se fazem mais complexos, quando utilizam dos vapores etílicos, das emanações do tabaco, das drogas, para continuarem comprazendo-se.

Essa ingerência mais agrava o estado do paciente físico, porque, mesmo usando a bengala psicológica, prossegue frustrado, em razão do desvio daquelas substâncias que lhe pareciam auxiliar quando em tormento.

À medida que a parasitose espiritual mais se aprofunda no comportamento do encarnado, este sente-se ainda mais enfraquecido, aturdido e infeliz, esvaziado de ideais de superior significação.

Toda vez quando pensa em abandonar o vício, tem a mente invadida por pavores e ameaças não verbalizadas, que mais o afligem e o atiram no vazio existencial.

O existencialista francês Jean-Paul Sartre sugeriu que se desvestisse o tabaco de qualquer significado especial, reduzindo-o à questão de uma erva que arde e se consome, não merecendo, por isso mesmo, qualquer outra conotação.

Dá-se, porém, o oposto, porque o viciado olha-o com enorme expectativa, a ponto de transformá-lo em sua tábua de salvação, guardando o último cigarro com verdadeira volúpia, quando escasseiam em suas mãos, a fim de que, no momento da angústia, que já formula inconscientemente, disponha do mecanismo de apoio e de liberação do mal-estar.

O lamentável em todo esse processo é que além dos males proporcionados pelo tabagismo à vítima, alcança as pessoas que ao seu lado se encontram, porque as obriga a aspirar o fumo perverso que espalha, intoxicando-as também. Não poucas vezes, aqueles que se expõem às emanações do cigarro ficam impregnados de tal forma, que se enfermam, apresentando sintomas típicos de usuários do produto destrutivo.

A cultura do cigarro, do charuto e do cachimbo, em nossa sociedade dita civilizada, faz parte dos grandes mecanismos inconscientes de fuga da realidade para a fantasia, para o exibicionismo, para autorrealizações equivocadas.

Dando-se conta dos prejuízos que já experimenta expressiva massa de fumantes, muitos procuram fórmulas mágicas para libertar-se do vício e tentam os recursos de ocasião que aparecem com certa periodicidade, sem que, de fato, desejem pagar o alto preço pela abstinência do fumo.

Assim, param por algum tempo, e à medida que vão sendo vítimas da síndrome dela decorrente, apresentam-se irritadiços, depressivos, impacientes, sofrendo interrupção do sono, confusão mental, insatisfação, retornando prazerosamente ao hábito consumista e extravagante.

Assevera-se que determinado famoso escritor, crítico literário irlandês, afirmou com certa dose de ironia: "Deixar de fumar é fácil. Eu já o deixei inúmeras vezes...".

Qualquer hábito, para ser liberado do indivíduo que lhe aceita a injunção, deve ser substituído por outro, de forma que não surja o vazio, a ausência de algo que parece importante, em face de se estar acostumado à sua presença.

TERAPIA PARA O TABAGISMO

Da mesma forma como se instalou o vício, a sua libertação ocorre mediante um processo semelhante e de prolongado curso.

Os danos causados quase sempre são irreversíveis, sendo alguns, ainda em início, possivelmente diminuídos com a ausência da nicotina.

A denominada compensação do fumante – apresentar a carteira de cigarros, retirá-la de coberturas de luxo, a postura exibicionista – cria dificuldade quando ele se resolve por abandonar o hábito. Naturalmente a falta do mentiroso prazer que está arraigado no seu comportamento, gera-lhe algumas perturbações, que se prolongarão enquanto dura a intoxicação.

Uma postura psicológica deve ser levada em conta inicialmente: a maneira como se vai libertar, a fim de ser um ex-fumante, e não alguém que deixou de fumar – uma forma de perda –, desejando realmente alcançar o êxito, porquanto ele já sabe que deve parar, a fim de que realmente deseje parar.

É necessário, desse modo, uma mudança de comportamento, na qual o paciente deve possuir uma clara percepção da sua ansiedade, aprendendo a superá-la, vencendo-a sem o uso do tabaco. Essa mudança propõe várias etapas, nas quais o paciente vai-se adaptando a cada uma delas, no curso do seu processo de cura, evitando criar outros hábitos, como o uso de caramelos e pastilhas, de substitutivos placebos...

O desejo real deve ser mantido pelo pensamento radicado na lógica e no anelo de uma existência saudável, na qual os valores pessoais disponham-se a superar as dificuldades do estágio em que se encontra.

A aplicação de tempo e de energia nessa mudança que deverá ser durável, não lhe deve permitir recidivas experimentais de que apenas uma só vez será bastante para acalmar-se quando em aflição, desse modo, reiniciando o vício.

Só então começam a surgir as vantagens, os resultados bons da decisão, quando a mente apresenta-se mais clara, o organismo, mesmo em fase de eliminação dos tóxicos, tem respostas melhores e mais rápidas, o sono faz-se mais tranquilo e o bem-estar instala-se a pouco e pouco.

Conflitos existenciais

O estímulo para ser um ex-fumante contribui para ganhos emocionais, e não perdas, alcançando um novo patamar de vida, o estímulo de uma vitória sobre si mesmo, a alegria de haver conseguido o que muitos outros ainda não se resolveram por alcançar, facultando vantagens psicológicas compensadoras.

Simultaneamente, a ajuda psicoterapêutica de um especialista, a fim de acompanhar o procedimento que irá restituir a saúde e a paz, torna-se fator essencial para o êxito que se deseja conseguir...

Como corolário da decisão, o paciente deve buscar as *Fontes Generosas da Espiritualidade,* por intermédio da oração e da concentração, a fim de receber os fluxos de energia renovadora para a manutenção da estabilidade dos propósitos abraçados.

Mantendo a vigilância de que é um paciente em contínuo tratamento, cabe-lhe evitar qualquer possibilidade de cedência ao vício, não lhe aceitando os desafios subliminais que atingem a todos que se encontram nessa fase de transformação.

14
ALCOOLISMO

ALCOOLISMO E OBSESSÃO
PREJUÍZOS FÍSICOS, MORAIS E MENTAIS DO ALCOOLISMO
TERAPIA PARA O ALCOOLISMO

ALCOOLISMO E OBSESSÃO

O alcoolismo é grave problema de natureza médica, psicológica e psiquiátrica, que merece assistência urgente, uma vez que também se apresenta como terrível dano social, em face dos prejuízos orgânicos, emocionais e mentais que opera no indivíduo e no grupo social ao qual pertence.

O alcoolismo envolve crianças mal-orientadas, jovens em desalinho de conduta, adultos e idosos instáveis, gerando altos índices de intoxicação aguda e subaguda em todos, como consequência da facilidade com que se pode conseguir a substância alcoólica, que faz parte do *status* da sociedade contemporânea, como de alguma forma ocorreu no passado.

Apresentam-se dois tipos de bebedores: os de ocasião, que se permitem a ingestão etílica em circunstâncias especiais, e os habituais, aqueles que já se encontram em dependência alcoólica.

É mais perigosa, naturalmente, a feição crônica, com boa dose de suporte do organismo que se desequilibra em delírios, quando por ocasião de breve abstinência ou mesmo por um pouco de excesso, em razão da progressiva degenerescência dos centros nervosos.

Invariavelmente, a ansiedade desempenha um papel preponderante no uso do álcool, por causa da ilusão de que a sua ingestão acalma, produz alegria, o que não corresponde à verdade. Em muitas personalidades psicopatas, o álcool produz rápidas alucinações ou depressão, levando, na primeira hipótese, à prática de ações criminosas, alucinadas, que desaparecem da lembrança quando volve a consciência.

Noutras vezes, a necessidade irresistível de ingerir o álcool, oferecendo o prazer mórbido do copo cheio, caracteriza o dipsômano ansioso e consciente da sua enfermidade. Esse tipo de enfermo pode manter relativa abstinência e períodos de grande ingestão alcoólica, em verdadeiro círculo vicioso de que não se consegue libertar, definindo o rumo do abandono do vício.

Ao lado desse, existe o hipômano, que se apresenta com pequenas e constantes intoxicações, podendo demorar meses sem beber qualquer quantidade de substância alcoólica, quando se encontra na sua fase de normalidade, logo celebrando alegremente o retorno a ela, em algumas semanas de degradação, na qual se apresenta a manifestação maníaco-depressiva, em que aparecem os episódios delirantes.

Não se pode negar que existe uma herança ancestral para o alcoólico. Descendente de um viciado, ele apresenta tendência a seguir o hábito doentio. Igualmente há outros fatores orgânicos, como lesões nervosas, encefalopatias,

Conflitos existenciais

traumatismos cranianos. Do ponto de vista psicológico, podem ser assinalados como causas os conflitos de qualquer natureza, especialmente sexuais, empurrando para o vício destruidor. A timidez, a instabilidade de sentimentos, o ciúme, o complexo de inferioridade, os transtornos masoquistas propelem para a ingestão de substâncias alcoólicas como fuga das situações embaraçosas. Algumas vezes, para servir de encorajamento; e outras, com a finalidade de apagar lembranças ou situações desagradáveis.

Sob qualquer aspecto considerado, porém, essas situações apresentam-se mediante altas doses de mau humor e de agressividade, derivadas dos tormentos íntimos do paciente que não foram acalmados.

O dependente alcoólico é portador de compromissos espirituais transatos muito grandes, à semelhança de outros enfermos. No caso específico, há um histórico anterior, em experiência passada, quando se entregou às dissipações, especialmente de natureza etílica, assumindo graves compromissos perturbadores com outros Espíritos que lhe padeceram as injunções penosas e que o não perdoaram. Reencontrando-o, estimulam-no à antiga debilidade moral, a fim de o consumirem na alucinação, ao tempo em que também participam das suas libações, dando prosseguimento aos desaires que a ausência do corpo já não lhes permite.

À semelhança do que ocorre com o tabagista e o drogado, estabelece-se um conúbio vampirizador por parte do desencarnado, que se torna hóspede dos equipamentos nervosos, via perispírito, terminando por conduzir o paciente ao *delirium tremens,* como resultado de insuficiência suprarrenálica, quando o organismo exaurido tomba sob situações de hipoglicemia e hiponatremia.

Noutras vezes, prosseguem na desforra, em razão do sentimento ambíguo de amor e ódio, no qual se satisfazem com as aspirações dos vapores etílicos que o organismo do enfermo lhes proporciona e do ressentimento que conservam embutido no desejo da vingança. Assim sendo, igualmente entorpecem-se, embriagam--se, pela absorção da substância danosa que o perispírito assimila, enlouquecendo, além do estado infeliz em que se encontram. Nessa situação, tomam da escassa lucidez do hospedeiro psíquico e emocional, ampliando-lhe o quadro alucinatório e levando-o à prática de atos abjetos e mesmo de crimes hediondos.

A questão é tão grave e delicada, que nem sequer a desencarnação do obsidiado faz cessar o processo que, não raro, prossegue sob outro aspecto no Mundo espiritual.

O vício, de qualquer natureza, é rampa que conduz à infelicidade.

Prejuízos físicos, morais e mentais do alcoolismo

Considerando-se a falta de estrutura dos valores éticos na sociedade hodierna, determinados comportamentos que deveriam ser considerados como exóticos, quando não perturbadores e censuráveis, assumem respeitabilidade e passam a constituir-se modelos a serem seguidos pelas personalidades dúbias.

O alcoolismo é um desses fenômenos comportamentais que, desde priscas eras, vem atormentando o ser humano.

A criança e o jovem ambientados ao clima vigente, por imitação ou estimulação de outra natureza qualquer, aderem às libações alcoólicas, procurando ser semelhantes

Conflitos existenciais

aos outros, estar no contexto geral, demonstrar aquisição de identidade e de liberdade pessoal...

Os danos que decorrem desse hábito infeliz são incalculáveis para o indivíduo e para a sociedade, assim como os prejuízos de vária ordem, inclusive econômicos, para as organizações governamentais de saúde.

A intoxicação apresenta-se sob dois aspectos: aguda ou embriaguez, e crônica. Não existe uma linha demarcatória entre ambas, podendo estar combinadas, o que ocorre na maioria das vezes. A embriaguez é de duração breve no seu aspecto clínico. No entanto, pode evoluir, passando por três fases: excitação, depressão e coma.

Na primeira, surge a euforia, como mecanismo de libertação de conflitos emocionais reprimidos durante a abstinência. É de duração breve, relativamente entre uma hora e meia e duas horas. É muito conhecida como vinho alegre.

A depressão, também chamada vinho triste, ocorre a seguir ou pode surgir de maneira inesperada, de chofre. O paciente entrega-se ao desmazelo, ao abandono, movimenta-se trôpego, trêmulo, numa espécie de ataxia física e mental. Oscila entre a tristeza e a alegria, apresentando sudorese abundante, náuseas, vômitos... logo depois, advém um torpor, uma espécie de sono com estertores, que se apresenta em forma do coma da embriaguez. Nessa fase, pode ocorrer a desencarnação resultante de algum colapso cardíaco.

Surgem, também, manifestações diferenciadas em forma sensorial, afetiva e motora, que se podem fundir em uma situação lamentável.

Os sentidos físicos ficam afetados, os estados oníricos tornam-se tormentosos, as alucinações fazem-se frequentes.

Cada uma dessas formas de embriaguez tem a sua característica, sempre degradante para o paciente, que perde completamente o controle da razão, da emoção e do organismo físico, no qual se instalam problemas de alta gravidade.

Também é conhecida a embriaguez simples ou excitação ebriosa, na qual o paciente pode apresentar-se de forma expansiva ou depressiva, de acordo com a sua constituição emocional.

Na situação, sem controle sobre as inibições, desvela-se, e, em face da liberação, pode tornar-se vulgar, agressivo, ultrajando as pessoas, agredindo os costumes, derivando para diversos tipos de crimes contra o cidadão, o patrimônio...

Lentamente, o paciente começa a sofrer perturbações intelectuais e de memória, embotamento dos sentimentos e distúrbios de conduta. Além desses desequilíbrios, a face apresenta-se pálida e de expressão cansada; a língua, saburrosa; hepatomegalia, febre; facilidade para permitir-se infecções, como gripe, erisipela, pneumonia.

Quando irrompe o *delirium tremens,* o paciente encontra-se em fase adiantada de alcoolismo, com impossibilidade imensa de retornar à sanidade, ao equilíbrio, em razão dos distúrbios profundos nos sistemas nervoso central, neurovegetativo, simpático e parassimpático, além das disfunções de outros órgãos que se encontram afetados pelo excesso de álcool: fígado, rins, pâncreas, estômago, intestino, coração...

Noutras vezes, o paciente é conduzido à demência alcoólica, em decorrência do enfraquecimento generalizado de todas as funções psíquicas, particularmente as intelectuais, ao tempo em que é atingido na afetividade e na moralidade.

Nessa fase, a morte é quase iminente, pois as funções orgânicas exauridas já não podem manter-se em ritmo

Conflitos existenciais

de trabalho equilibrado, cedendo lugar ao descontrole e à exaustão.

Pode acontecer que, em muitos pacientes crônicos, antes da ocorrência dos acidentes delirantes subagudos, surjam estados neurasteniformes, caracterizados pela fadiga, por dores esparsas, astenia muscular, perturbações digestivas, cefaleia... Por extensão, o sono é assinalado por confusão mental e inquietação, produzindo mal-estar e aumentando o cansaço pela falta do repouso que se faz necessário à manutenção da maquinaria orgânica.

A verdade insofismável é que o alcoólico é um paciente que apresenta grande dificuldade de aceitação terapêutica, por estar escamoteando sempre os tormentos sob justificações, ora acusatórias, como de responsabilidade daqueles que lhes criam situações difíceis, ou como de vítimas das circunstâncias, que dizem poder reverter, quando quiserem, mas que nunca o conseguem.

TERAPIA PARA O ALCOOLISMO

Em face da gravidade do alcoolismo, são necessários recursos psiquiátricos, psicológicos e orientação social, com o propósito de auxiliar o paciente na recuperação da saúde.

De acordo com a extensão de cada caso, é sempre recomendável a orientação psiquiátrica, com o conveniente internamento do enfermo, a fim de auxiliá-lo na desintoxicação, naturalmente acompanhada de cuidadoso tratamento especializado.

Nessa fase, sempre pode ocorrer o colapso, em defluência da falta do álcool no organismo. À medida que vai sendo recuperada a lucidez, a ajuda psicológica é de grande valor, por facilitar a identificação das causas subjacentes e que se encontram inibidas, como efeito de uma infância mal vivida, frustrada, ou de reminiscências inconscientes – clichês mentais inesperados – pertinentes às experiências malogradas em existências anteriores...

A boa leitura certamente propicia o despertamento da consciência para a nova situação, demonstrando que a realidade não é tão agressiva conforme se crê, dependendo de cada um na sua forma de enfrentá-la.

A aplicação da bioenergética é de grande utilidade, porque robustece o ânimo do paciente e ajuda-o na libertação das tenazes que sofre por parte do perseguidor desencarnado.

Graças a esse recurso, torna-se mais fácil a mudança de comportamento para outra faixa vibratória, mais elevada, favorecendo o fortalecimento moral e espiritual através da oração, por cuja terapia passa a sintonizar com outras mentes mais nobres e a captar a presença dos guias espirituais que são atraídos e o auxiliarão na conquista do seu reequilíbrio.

A Psicologia e a Psiquiatria espíritas conseguiram demonstrar que existe outra realidade além da objetiva, da convencional, na qual a vida é estuante e apresenta-se em forma de causalidade, onde tudo se origina e para a qual tudo retorna.

Dessa forma, levantaram o véu que dificultava a visão do *mundo espiritual* existente e desconhecido, vibrante e gerador de fenômenos que se apresentam na esfera física, antes não entendidos e considerados miraculosos, desbordando em fantasias e mitos, ora fascinantes, ora aterradores...

A confirmação da imortalidade do Espírito facultou o entendimento em torno das relações que existem entre as

Conflitos existenciais

duas esferas da mesma vida, ensejando a compreensão da finalidade do processo reencarnacionista, assim proporcionando sentido e significado especiais à existência corporal.

Desse modo, importante é o ser, em si mesmo, portador de possibilidades quase infinitas na sua trajetória, dependendo sempre da sua eleição pessoal em torno da busca da plenitude.

Enfermidades, desaires, sofrimentos, alegrias e esperanças fazem parte do trajeto a percorrer, nunca esquecendo que a cada passo dado, uma nova conquista se insere no equipamento de realizações enobrecedoras. Eis por que a jornada humana deve caracterizar-se pela visão e pela ação positivas, no incessante labor de autorrealização para melhor contribuir em favor da coletividade da qual faz parte.

A cura real, portanto, de qualquer paciente reside na sua transformação moral para melhor, porquanto pode recuperar a saúde física, emocional e mesmo psíquica; no entanto, se não aceitar a responsabilidade para autoiluminar-se, logo enfrentará novos problemas e situações desafiadoras. Essa reabilitação deve dar-se, por certo, do interior para o exterior, dos sentimentos para a organização fisiológica.

Tendo em vista a presença da morte e da imortalidade, convém ter-se sempre em mente que a cura lograda, por mais ampliação de tempo que conceda, não impedirá o inevitável fenômeno da morte que acontecerá...

15
VAZIO EXISTENCIAL

PSICOGÊNESE DA PERDA DE SENTIDO
AUTOCONSCIÊNCIA
TERAPIA LIBERTADORA

PSICOGÊNESE DA PERDA DE SENTIDO

E m face dos conflitos que remontam ao passado espiritual, o indivíduo renasce assinalado por debilidade de forças morais, que resulta da indisciplina e da falta de morigeração na conduta, durante as experiências evolutivas que não ficaram bem-trabalhadas.

Não poucas vezes, preso ao cordão umbilical da mãe, não amadurece psicologicamente a ponto de libertar-se, mantendo interesses imediatos, entre os quais, a plenificação emocional através do conúbio sexual.

Antes, porque os preconceitos eram muito severos em relação ao comportamento sexual, a culpa inscrevia-se-lhe nos refolhos da psique, atormentando-o e levando-o a uniões ligeiras, destituídas de sentido emocional profundo, sem a anuência do amor, nem o respeito recíproco a que se devem todas as criaturas, umas às outras.

Mais necessidade fisiológica do que expressão de realização afetiva, quando não lograva a completude, experimentava o vazio existencial, que se fazia acompanhar pela falta de outros objetivos existenciais.

Lentamente, nesse estado emocional, perdia a própria identidade, mergulhando em aparências que pudessem agradar aos outros em detrimento da sua própria realização.

Na atualidade, não obstante o sexo constitua um paradigma de comportamento essencial, a sua satisfação aligeirada continua destituída de significado profundo, que permita o equilíbrio das emoções e a segurança afetiva. A troca insensata de parceiros, na busca da variedade, em vez de satisfazer, mais frustra, demonstrando que o intercurso sexual é mais um modismo da sociedade moderna, que se considera liberta dos tabus do passado, do que realmente uma forma de expressar os sentimentos e trabalhar a ansiedade.

Nessa busca desenfreada, transita-se de um estado de estresse para outro, sem que haja harmonia interior nas buscas efetuadas. As pessoas que compartem desses momentos são descartáveis, grátis ou remuneradas, bem ou mal situadas no contexto social, objeto de uso sem nenhum sentido psicológico realizador.

Quando conhecidas e importantes, portadoras do brilho que a mídia ilusória lhes confere, constituem um desafio para o conquistador ansioso – masculino ou feminino – que, após a vitória, não lhe encontra nada de especial, somando às anteriores as novas frustrações, que terminarão por levá-lo às fugas espetaculares pelas drogas, pela depressão, pelo vazio existencial...

Em face da rapidez dos momentos hodiernos, não se apresentam oportunidades para amadurecimento das emoções, para escolhas corretas, para reflexões e ponderações significativas. Os indivíduos são devorados pela

Conflitos existenciais

volúpia do muito agarrar e do pouco reter. Há uma sofreguidão para aparecer, uma necessidade desesperadora para estar em todos lugares ao mesmo tempo, tombando na exaustão e levantando-se sob estímulos químicos ainda mais frustrantes.

Vitimado, em si mesmo, o indivíduo, que perdeu o contato com o *Self,* exaure-se no *ego* exigente e pouco gratificante, preocupando-se em ser espelho que reflete outras pessoas, suas opiniões, seus aplausos, suas desmedidas ambições.

Aumenta-lhe a necessidade psicológica de esconder o sentimento e exibir a aparência, sobrecarregando as emoções com desaires e amarguras que procura dissimular no convívio com os demais até quando já não mais o consegue.

Explica-se que, num período de violência, de guerras, de catástrofes de todo tipo, a insegurança se instala no indivíduo, adicionando ao sentimento de inferioridade o desespero generalizado, a insatisfação, a ansiedade.

Freud assinalava, no seu tempo, que o fator preponderante mais comum para esse tipo de conflito – solidão, ansiedade, insegurança – era a dificuldade que todos experimentavam em aceitar o lado instintivo e sexual da vida, em razão dos preconceitos e tabus de que a sociedade se revestia. Posteriormente, foram assinaladas outras razões, como sejam: sentimento de inferioridade, incapacidade para enfrentar os novos desafios que se apresentavam e a culpa. Tratava-se de inconsciente hostilidade que vigia entre os indivíduos e os grupos sociais, em terrível luta competitiva. Na atualidade, é a falta de metas, de objetivos, que assalta a consciência, dando lugar a indivíduos psicologicamente vazios.

A inferioridade e o conceito conflitivo em torno do sexo prosseguem, tanto quanto a culpa e a ansiedade, adicionados à ausência de ideais que plenificam, estimulando à luta contínua.

A grande maioria dos que assim se comportam intelectualizou-se, aprendeu a discorrer sobre temas variados, mesmo que superficialmente, mas não aprendeu a trabalhar-se interiormente, a enfrentar os seus medos e culpas, sempre os transferindo no tempo ou anestesiando-os no inconsciente.

Compreende-se a necessidade das conquistas externas, que se torna uma forma de autorrealização, e afadiga-se a criatura por consegui-las, para logo constatar a sua quase inutilidade, por não preencher os espaços tomados pela angústia e pelas incertezas.

Faz-se um abismo entre o *Self* e o *ego*, que mais se afastam um do outro, concedendo espaço para a desintegração da personalidade, para a esquizofrenia...

Esse vazio existencial, de certo modo, também se deriva do tédio, da repetição de experiências que não se renovam, da quase indiferença pelas demais criaturas, sugerindo a inutilidade pessoal.

Na época da robotização, o ser humano sente-se relegado a um plano secundário, deixando-se conduzir por botões mecânicos inteligentes que, em alguns casos, substituem-no com eficiência, sem esforço, nem gratificação.

O excesso de tempo, resultado da máquina que o ajuda nas atividades habituais, faculta-lhe a corrida para a comunicação virtual, as intermináveis horas de buscas na *Internet*, os encontros românticos de personalidades neuróticas e medrosas, estabelecendo perspectivas mais angustio-

Conflitos existenciais

sas, por se tratar de pessoas frustradas e inseguras, refugia-das em frente da tela do computador, procurando a ilusão de seres ideais, incorruptíveis, maravilhosos.

Passada, porém, a fase de deslumbramento, iniciando-se a convivência, logo se constata o equívoco, e a imaginação arquiteta novas fugas da realidade para a fantasia das denominadas histórias de quadrinhos.

Desse modo, avança-se para um sentimento perturbador que se apresenta como um vazio coletivo que se estabelece na sociedade.

Em tentativas inúteis de o preencher, elaboram-se as festas alucinantes, volumosas, arrastando as multidões desassisadas e ansiosas, que se esfalfam no prazer anestesiante, para depois despertar no mesmo estado de vácuo interno, agora com os conflitos e culpas das loucuras perpetradas.

Esse vazio, portanto, não significa ausência de significados internos, de valores adormecidos ou ignorados, mas, sim, a incapacidade que toma do indivíduo, sugerindo-lhe impossibilidade ou inutilidade de lutar contra a maré das dificuldades, permitindo-se uma resignação indiferente, como mecanismo de autodefesa, que se transforma num grande vácuo interno.

A pouco e pouco, porque se adapta à nova conjuntura, perde o interesse pelo desejar e pelo realizar, ficando amorfo, embora com aparência que corresponde aos padrões sociais, por mínima exigência do *ego* soberbo e rebelde.

Perdido o respeito pelo grupo social e suas instituições, logo depois perde-o por si mesmo, deixando-se arrastar para profundos conflitos de inutilidade e de depressão.

Joanna de Ângelis / Divaldo Franco

AUTOCONSCIÊNCIA

A autoconsciência é a conquista realizada pelo *Self* após os primeiros meses da infância, quando surgem os evidentes sinais de que se é uma pessoa e não mais o animal irracional orientado apenas pelo instinto.

Essa formosa concessão de tornar-se consciente, embora as dificuldades iniciais de identificação e os conflitos que surgem durante o processo de crescimento, é uma das mais belas aquisições do ser imortal, quando transitando no corpo. É a característica especial do ser humano, que pode raciocinar, compreender o significado dos símbolos, selecionar, por preferência pessoal, aquilo que lhe é apetecível, deixando de lado o desagradável, que pode elaborar esquemas em torno de abstrações, de considerar o ético, o estético, o nobre, diferenciando-os do vulgar, do grosseiro e do indigno.

A autoconsciência amplia os horizontes emocionais e psíquicos do ser, propiciando-lhe a libertação de tudo quanto o junge ao passado – a mãe arbitrária, o pai negligente, as situações penosas – desde que haja o esforço de aceitação dos novos desafios existenciais.

Somente nos sonhos se apresentarão os símbolos tormentosos que devem ser trabalhados, à medida que a autoconsciência favoreça o *Self* com a sua realidade e soberania em relação ao *ego*, que passou a existir a partir do momento do raciocínio, do discernimento entre o ser e o estar.

O animal irracional permanecerá jugulado ao instinto sem a capacidade de distinguir o belo ou expressar-se de maneira coerente. Será interpretado pela mente consciente

Conflitos existenciais

do ser humano, que lhe entenderá os reflexos condicionados, as necessidades e automatismos, nunca, porém, ele próprio percebendo racionalmente o significado dos símbolos nem dos acontecimentos a sua volta.

Esse animal, sem dúvida, estará livre dos conflitos, da culpa, do remorso, que são valores aflitivos que acompanham o despertar da autoconsciência e da sua implantação.

É o preço, porém, que o ser humano paga pela conquista, produzindo a seleção entre os automatismos da fatalidade biológica de animal no rumo da individualidade consciente.

É provável que muitos indivíduos aspirem ao não sofrimento, que se deriva da autoconsciência, preferindo as noites dormidas longamente, sem sonhos catárticos, representativos dos conflitos que estão sendo eliminados. Em consequência, não teriam ideia do seu próprio estado, por falta da autoconsciência, dessa incomparável capacidade de entender e de estabelecer metas.

Naturalmente, é também essa conquista que o libertará da ansiedade e das suas tramas, eliminando a culpa, o desprezo de si mesmo, a perda de sentido, o vazio existencial, embora os propicie em determinados estados de desenvolvimento, dando-lhe significado psicológico, alegria de viver, realização plenificadora.

Não poucos psicólogos e filósofos discordam do conceito do *Self*, afirmando que ele interromperia o *continuum* dos animais, e por não se terem provas científicas do momento em que surge e começa a desenvolver-se.

O *Self*, no entanto, é a incomum capacidade de gerar relacionamentos entre os indivíduos de forma consciente e produtiva, sem os automatismos do instinto, podendo optar por uns em detrimento de outros, em razão de afinidades e de conceitos, de emoções e de sentimentos. É a consciência da individualidade e não uma faculdade apenas intelectual. Sem dúvida que se trata do despertar do Espírito enclausurado na argamassa celular, diferindo-o do psiquismo em evolução no reino animal mais primitivo...

Esse *Self*, quando coerente e saudável, recusa-se ao abandono que o indivíduo em transtorno de comportamento se permite, quando o *ego* encontra-se atormentado e instável. É a sua faculdade de optar, de discernir, que irá trabalhar pela recuperação das suas potências e da sua realidade, avançando para o estágio numinoso.

O objetivo essencial da vida humana é facultar ao ser o desenvolvimento de todas as suas potencialidades adormecidas – o deus interno –, tornando-o pessoa, uma individualidade que pensa. Esse processo não é automático como ocorre com os seres vegetal e animal, mas dependente das escolhas, da lucidez, das aspirações e dos esforços empreendidos, que são resultados das conquistas já conseguidas em existência transatas.

A infância humana é a mais longa entre todos os seres conhecidos, exatamente para permitir-lhe recursos de desenvolvimento para o *Self* alcançar a sua plenitude, porque cada pessoa é uma identidade especial, com grandezas e pequenezes que a caracterizam, com uma história muito própria, nunca havendo iguais, mesmo quando se trate de gêmeos duplos ou quíntuplos... Cada qual estagia em um nível de autoconsciência que lhe define a idade espiritual, o progresso alcançado.

Nesse claustro divino – a autoconsciência – a pessoa vê-se de maneira única, jamais igualada por quem quer que seja do mundo exterior.

Conflitos existenciais

É impositivo da autoconsciência o amadurecimento psicológico mediante realizações internas e externas contínuas, superando dificuldades e acumulando valores transcendentes que impulsionam para níveis cada vez mais amplos e elevados.

Por isso que, no estágio de autoconsciência, não se podem vivenciar estados vazios, manter vácuos interiores, perdendo o endereço da meta e entregando-se à ansiedade perturbadora, ao estresse devastador, ao desinteresse contumaz. Se algum membro do corpo físico não é acionado, tende ao atrofiamento. Tudo, no ser vivente, exige ação, movimento e esforço, que mais o fortalecem para o desempenho da finalidade para a qual foi criado.

Assim também nos padrões psicológicos da autoconsciência. A pessoa deve descobrir a finalidade da sua existência e como alcançar o objetivo de ser feliz, superando os conflitos ou tratando-os, vivendo de maneira clara e sem culpa, usufruindo os dons da existência e aperfeiçoando-se sempre.

Quando se adquire autoconsciência – realizando-se a identificação entre o *Self* e o *ego* –, torna-se possível preencher os espaços afligentes do mundo interior, nunca se atirando ao desprezo, ao abandono de si mesmo, à vacuidade.

Terapia libertadora

A pessoa vazia, aquela que perdeu a identidade e deixou de seguir na busca dos objetivos que constituem as motivações seguras para existir e realizar atividades existenciais, passa por um tormentoso processo de desgaste emocional.

A perda do Si, no entanto, pode ser resolvida mediante a mudança de atitude racional e emocional para com a oportunidade existencial.

Eis por que a fé religiosa, o sentimento de humanidade, o respeito social, a vinculação idealista a qualquer expressão dignificadora do ser humano, tornam-se referências que se convertem em estímulos para não se perder o significado psicológico interior.

Passando-se do absurdo da fé cega e autoritária para a indiferença espiritual do ser em si mesmo, as condutas anárquicas e irresponsáveis assumiram a liberação daquilo que antes era castração, produzindo males equivalentes, que ora consomem o ser social, perdido na confusão do nada a perseguir.

A jornada física é de efêmera duração, porquanto, à medida que produz frutos está sendo consumida pela sucessão das horas, o que deixa certo travo de amargura e desencanto. A conceituação eterna do Espírito, momentaneamente em realização na vestidura orgânica, entretanto, faculta um comportamento diferente, porque as leis que lhe regem o destino estão escritas na sua própria consciência, não valendo muito as opiniões externas, sejam mediante reproches ou aplausos.

Por meio da reflexão, descobre-se o indivíduo conforme o é, e quanto poderá fazer-se em benefício próprio, a fim de alcançar níveis mais grandiosos e compensadores, que lhe estão destinados pela própria vida.

No período, porém, de angústia e de ansiedade, em face da dificuldade de identificação de metas e de compromissos, necessita de assistência psicanalítica ou psicológica,

Conflitos existenciais

a fim de diluir a ansiedade e os conflitos gerados, conforme a psicogênese em que se apoiam.

A assistência orientadora irá auxiliá-lo na liberação dos medos e culpas, das frustrações e mágoas, ensejando--lhe a indispensável motivação para prosseguir, em razão dos júbilos que o tomarão, facultando-lhe sempre novos cometimentos satisfatórios.

De outro modo, a busca do Si, através da meditação e da prece, facultar-lhe-á *insight* valioso para compreender quanto lhe está reservado e, momentaneamente se encontra defasado, sem utilidade.

A comunhão mental em outras ondas de pensamento, em áreas extrafísicas, proporcionar-lhe-á a identificação com *Entidades benfeitoras,* que inspiram decisões e condutas saudáveis, enriquecendo-o de bem-estar.

Crê-se, indevidamente, que somente os indivíduos superiormente qualificados podem experimentar essa alegria, essa vivacidade, o triunfo sobre os conflitos. Ledo engano, porquanto esses bens estão ao alcance de todos quantos realizem atos de enobrecimento e esforcem-se por lográ-los.

Cada ato bem-conduzido oferece a compensação do resultado exitoso.

O homem e a mulher vazios necessitam de terapia própria para a recuperação da finalidade existencial na qual transitam. Basta-lhes tentar e insistir até conseguir.

16
ESTRESSE

RAZÃO DE SER DO ESTRESSE
PROCESSOS E MECANISMOS ESTRESSANTES
TERAPIA PARA O ESTRESSE

RAZÃO DE SER DO ESTRESSE

Numa investigação realizada por Selye, no ano de 1948, foi aplicado o termo estresse como a pressão exercida sobre o indivíduo em forma de carga de energia superior à sua capacidade de resistência emocional, que produz distúrbio de conduta.

Desse modo, qualquer tipo de carga, pressão ou força que se vivencia, passou a ser considerada como passível de natureza estressante.

Essa carga não tem uma característica isolada, mas pode ser considerada como a soma de fenômenos e ocorrências não específicas, que se pode manifestar como prejuízo ou defesa.

Apresenta-se em localização especial, quando se trata de um problema orgânico, ou de maneira geral, em forma de síndrome, resultado de diversas coerções que não são liberadas.

Numa sociedade competitiva e angustiada como a atual, o fenômeno do estresse generaliza-se em razão do volume de compromissos, da escassez de tempo para os atender, da busca desesperada por melhores salários e comodidades, de divertimentos e de prazeres, dando lugar à ansiedade, produzindo culpa e desarmonizando a estrutura emocional.

Essas ocorrências produzem neurastenia, cansaço exagerado, sucessão de problemas trágicos e perturbadores, que deságuam no comportamento que se desorganiza, gerando transtornos e distúrbios neuróticos mais graves.

Por outro lado, quando se experimenta uma grande tensão para livrar-se do estresse, inevitavelmente o indivíduo torna-se-lhe vítima, porque essa também é uma forma de pressão, muitas vezes superior à capacidade de resistência emocional.

Nesse caso, podem-se contabilizar as fugas dessas constrições, o distanciamento de qualquer tipo de ameaça, a negação para identificar o perigo, a luta contra o medo de acontecimentos danosos, gerando sobrecarga emocional que termina expressando-se como uma forma de estresse.

Não apenas as ocorrências aflitivas encarregam-se de inquietar, mas também a ansiedade em torno daquilo que se almeja, pelo que se afadiga, pelas conquistas realizadas que culminam no êxito, por exemplo, no matrimônio, na conclusão de um curso, na aquisição de uma carreira, na glória de um empreendimento...

Assim sendo, as atividades psicológicas positivas e desejadas, quando conseguidas, podem também transformar-se em fatores geradores de estresse, portanto, porta aberta a situações cansativas e desmotivadoras.

Conflitos existenciais

A mãe que se afeiçoa ao filho e, na viuvez ou não, se lhe dedica com aferrado sentimento de amor-posse, que se completa emocionalmente através das realizações que ele lobriga, quando o vê crescido, avançando para a independência, para a ruptura do cordão umbilical, passa a estressar-se, a mergulhar no poço da existência sem sentido, porque todas as suas aspirações foram direcionadas para aquele mecanismo de autorrealização, de egotismo exacerbado.

Mais terrível apresenta-se a questão, quando o filho – masculino ou feminino – procura a realização emocional e social através do casamento.

Para essa mãe, a perda constitui um sofrimento estressante e devastador, que enfurece ou deprime, vendo, na pessoa que lhe arrebatou o motivo existencial, um inimigo que deve ser destruído ou, pelo menos, vencido, a fim de recuperar a sua segurança emocional.

O funcionário que se entrega à empresa e, lentamente, passa a vivê-la com intensidade, acreditando-se indispensável, e vê-se, de um para outro momento, descartado, substituído por outrem mais bem preparado, com novos recursos para aplicação, é tomado pelo estresse da amargura e tomba no fosso do desespero. Tem a impressão de que a sua existência perdeu a razão de ser vivida, porque centrou no trabalho a que se afeiçoou todos os interesses e motivações pessoais.

Quando, porém, a morte arrebata o ser querido, sem que tenha havido uma preparação psicológica para o fenômeno do falecimento dos órgãos, é inevitável o transtorno gerado pelo estresse da pressão interna do sofrimento, que parece impossível de ser suportado.

Joanna de Ângelis / Divaldo Franco

A existência humana apresenta-se portadora de um elenco de quase infinitas possibilidades que devem ser experimentadas, a fim de tornar-se digna e merecedora de ser vivida saudavelmente.

O *ego*, no entanto, estabelece os seus parâmetros e assoberba-se de ilusões e de posses mentirosas que a realidade se incumbe de desfazer, porque sem estruturas legítimas, fundamentadas em quimeras, em perturbações e sonhos infantis não superados pela idade adulta.

O aprofundamento da identificação da autoconsciência faculta a valorização do *Si-próprio (Self)*, ampliando a esfera de aspirações e de metas que devem ser realizadas.

As experiências sociais e humanas, os desafios e dificuldades, as lutas e desacertos não deveriam constituir força estressante, porque têm por objetivo amadurecer a capacidade emocional, fortalecendo-a para embates mais vigorosos que devem ser travados até o momento da completude.

Cada experiência existencial converte-se em valor emocional que se soma aos anteriores, propiciando crescimento pessoal e realização interior.

Ninguém alcança patamares de equilíbrio sem passar pelos testes de lutas edificantes.

Processos e mecanismos estressantes

Existe, sem dúvida, em muitos organismos, certa predisposição para a desvitalização das energias, das forças em que se firmam os conteúdos emocionais.

Com relativa facilidade, os indivíduos portadores dessa constituição assoberbam-se de aflição ante aconteci-

Conflitos existenciais

mentos que não têm o menor sentido perturbador, vítimas que se fazem de injunções que temem enfrentar ou que rejeitam de forma consciente, derrapando em estresses.

Frágeis, psicologicamente, não conseguem sair do período infantil em que necessitam da mãe superprotetora, do ninho doméstico defensor, sem haver-se preparado para a vida adulta, inevitavelmente constituída de desafios necessários à evolução.

Desacostumados à responsabilidade ou dominados pelo excesso de escrúpulos, alguns deles, autodenominados como perfeccionistas, gostariam de um mundo por eles elaborado, no qual os acontecimentos obedecessem a padrões agradáveis ou a ordenamentos geométricos submetidos aos seus critérios de avaliação.

Sendo, porém, os grupos sociais constituídos de biótipos variados e de necessidades diversas, com objetivos e imposições específicos, esses indivíduos recuam diante dos enfrentamentos ou estressam-se com os fenômenos gerais, amargurando-se e desgastando-se de maneira enfermiça.

Há uma tendência, possivelmente inconsciente, em alguns pacientes, de cultivarem o masoquismo emocional, escorregando para a autocomiseração, a necessidade de acolhimento em colo materno, pensando em transformar a sociedade, que lhes parece adversária, em protetora piegas dos seus desfalecimentos morais.

Negam-se aos combates que são essenciais para o autocrescimento e valiosos para a visão psicológica da existência humana e suas finalidades libertadoras.

Acumulam ressentimentos em razão de fracassos banais, que culpam aos demais, vivem ressumando infelicidade, que mais se encontra na imaginação do que na realidade, tendo em vista o corpo saudável, pelo menos sem afecção nem infecção, que deveria ser aplicado em atividades que o revigorassem, impulsionando os sentimentos a voos mais elevados na busca de realizações enobrecedoras. Acreditam-se sem sorte, marcados por carmas dolorosos e, enquanto lamentam e mantêm a ociosidade, mais se enfermam e mais se desestruturam. É natural que qualquer acúmulo de preocupação, de tarefa, de compromissos transforme-se em carga estressora.

Desacostumados ao trabalho continuado, aclimatados a situações protecionistas, sem experiências de esforço pessoal, anelam pelo que não lutam por conseguir, demorando-se em reflexões pessimistas e lamentáveis, quando se deveriam afeiçoar às realizações, em tentativas contínuas de aprendizagem de comportamento até a conquista dos objetivos, sejam quais forem que tenham em pauta.

A autoconsciência é responsável pelo processo de mais fácil evolução do pensamento e das realizações humanas, porque faculta entender os significados psicológicos existenciais e os mecanismos que devem ser utilizados, a fim de serem logrados.

A dependência de outrem e a transferência das suas responsabilidades para outrem, a necessidade de gurus e guias, ocultam a comodidade mental, moral e emocional, disfarçadas de confiança e de afeto por aqueles que lhes sirvam de condutores. A experiência, no entanto, é pessoal e intransferível, que cada qual terá que vivenciar, a fim de aprender, à semelhança do medicamento que deve ser utilizado pelo paciente que busca a cura e não por aquele que o ama, em forma de comportamento infantil absurdo.

Conflitos existenciais

Essa insegurança, essa forma de manipulação emocional, decorre de culpa e de fuga no passado aos deveres que não foram cumpridos e que, agora, em nova reencarnação, deverão ser enfrentados para incorporar-se às conquistas evolutivas a que todos os Espíritos são convocados. Ninguém evolve por outro, sendo o processo individual e exclusivamente pessoal.

Esses indivíduos imaturos, quando amam, desejam que os seus afetos assumam-lhes as responsabilidades, resolvam os seus problemas, enfrentem os seus dilemas, vivam por eles, demonstrando total desconserto emocional.

Neles, as enfermidades, os problemas de relacionamento, as lutas no trabalho, a convivência com os demais, sempre assumem volumes exagerados, porque desejam facilidades e comodidades, atribuindo-se importância demasiada, que estão longe de possuir, ou fogem para a intriga, a maledicência, sempre se considerando vítimas de perseguições que estão na imaginação e no egotismo doentio.

Estão normalmente estressados com pequenas ocorrências, não suportando os necessários trabalhos de renovação e de reequilíbrio, que dependem exclusivamente deles.

Na correria dos dias modernos, em que as máquinas inteligentes dominam o mercado humano, a criatura é convidada a assumir a sua posição de comando e de superioridade em relação aos engenhos por ela mesma criados para facilitar-lhe a vida, não se permitindo esmagar pelas injunções que se apresentam desgastantes.

Não há lugar nem tempo favoráveis para considerações exageradas, nem para convívios conflitivos, nem para relacionamentos doentios.

Porque todos os indivíduos são portadores de problemas, é natural que cada qual procure estímulo e orientação, melhores situações e acompanhamentos saudáveis, em vez de aceitarem quem lhes explore os valores e permaneçam na inatividade ou no estado de dependência mórbida.

Inegavelmente, são muitos os fatores que levam ao estresse, mas, ao mesmo tempo, inúmeros os recursos para a liberação das cargas opressoras, quando se deseje a mudança de comportamento e a aquisição do bem-estar.

É inevitável a ansiedade em diversas situações, no entanto, sob controle e lucidez, evitando-se que atinja níveis psicológicos e orgânicos doentios.

Quando se assentam os ideais em objetivos superiores e se realizam reflexões saudáveis e otimistas, naturalmente se adquirem forças morais para saber-se selecionar os fenômenos perturbadores daqueles que têm finalidades edificantes.

Desse modo, é possível experienciar a ansiedade com equilíbrio, sem sofrimento nem distonia, consciente de que todo processo exige um tempo próprio para realizar-se, e que nem sempre as questões se resolvem conforme parece a cada um, mas de acordo com as circunstâncias e possibilidades que lhes são próprias.

Essa compreensão faculta a administração do processo de ansiedade dentro dos limites naturais e próprios das ocorrências do cotidiano.

Educar, portanto, a mente e o sentimento, constitui dever inicial para a superação de qualquer mecanismo estressante.

Conflitos existenciais

TERAPIA PARA O ESTRESSE

A crença na vida futura, por consequência, na imortalidade do Espírito e na sua destinação gloriosa, constitui a mais adequada autoterapia preventiva em relação ao estresse, bem como para a sua superação.

Isto porque, ultrapassando os limites imediatistas da existência orgânica, essa convicção dilata a perspectiva de felicidade, demonstrando que, não sendo conseguida de imediato, sê-lo-á, sem dúvida, um passo à frente, em razão da dilatação do tempo e da realidade do *Mais-além*, facultando realizações contínuas, ricas de experiências negativas e positivas, que definem o rumo da plenitude.

Mediante essa atitude mental e emocional, surge a alegria, em face de demonstrar que a dificuldade de hoje é o prelúdio da conquista de amanhã, qual ocorre com a flor que se estiola para libertar o fruto e a semente que nela jazem adormecidos.

Em vez de uma existência linear, que se inicia no berço e termina no túmulo, essa decorre da vida em si mesma, que é preexistente e sobrevivente à disjunção molecular, resultando em aprendizagem contínua, na qual se sucedem êxitos e aparentes fracassos que culminam em conquistas insuperáveis.

Ninguém consegue atingir qualquer meta que delineie sem passar por acertos e erros, elegendo os processos favoráveis e eliminando aqueles equivocados, sem desanimar, insistindo até a realização dos seus objetivos.

Desse modo, a fé no futuro acalma as aflições momentâneas sem o apoio do conformismo doentio, porém, proporcionando a coragem para vencer os impositivos perturbadores da atualidade.

Essa postura impede a instalação da ansiedade, em considerando-se a grandiosidade do tempo sem o imediatismo da ilusão. Ao mesmo tempo, enseja uma planificação de largo porte, sem os incômodos da angústia ou da precipitação.

As tensões, nada obstante, apresentam-se inevitáveis, em razão do curso dos acontecimentos que não pode ser detido. Superada uma ocorrência, logo outra acerca-se, isto quando não se atropelam na velocidade dos fenômenos humanos.

A maneira, porém, como são analisadas para serem aceitas, responde pela emoção com que são enfrentadas.

Quando o indivíduo se educa na compreensão dos deveres que abraça, deduz, de imediato, quantos esforços devem ser envidados, a fim de que se consumem com eficiência os resultados em pauta. Programa, então, como enfrentar cada fase, a forma de executar cada tarefa, evitando-se a fadiga excessiva, o desgaste emocional, a irritabilidade que decorrem, normalmente, da indisciplina e da rebeldia no trato e na convivência com as demais pessoas, com os deveres assumidos.

Quando ocorrem situações estressantes que são normais, de imediato cabe-lhe a renovação de ideias, a mudança de realização, a busca do refúgio da prece renovadora, que robustece de energias psíquicas e emocionais, vitalizando os sistemas físico e psicológico, momentaneamente afetados.

Conflitos existenciais

O ser humano necessita do trabalho que o dignifica, mas também do repouso que lhe renova as forças e faculta-lhe reflexões para bom e compensador desempenho.

Desse modo, é impositivo, para a preservação ou conquista da saúde, que se estabeleçam períodos para férias, para relaxamento emocional, para mudanças de atividades, para exercícios físicos liberadores das tensões orgânicas e psicológicas, agilizando o corpo mediante caminhadas, massagens, natação com a mente liberada dos problemas constritores.

É justo que o ser humano não olvide dos limites da sua condição de reencarnado, portanto sob imposições do carro orgânico, evitando os sonhos de super-homem, que alguns se atribuem.

Musicoterapia e socorro fraternal ao próximo representam igualmente recursos valiosos para que a pessoa desencarcere-se da carga tensional e experimente alegria de viver e de servir, sentindo-se útil.

Ioga e meditação, acupuntura e outros recursos valiosos, denominados alternativos, contribuem eficazmente para o *relax*, a renovação das energias gastas.

Sempre quando alguém se oferece ao Bem, ei-lo tocado pelos eflúvios da saúde e da harmonia, autorrealizando-se e aos demais ajudando.

A busca da beleza, sob qualquer aspecto considerada, contribui para o retorno ao bem-estar, superando o estresse e a inquietação.

Apesar desses recursos, se o paciente permanecer em transtorno por estresse, não deve adiar a assistência do psicoterapeuta, a fim de evitar a instalação de problemas neuróticos mais graves.

Joanna de Ângelis / Divaldo Franco

Esforçar-se por viver com alegria em qualquer conjuntura é terapia preventiva e libertadora para os males do estresse.

17
FOBIAS

PSICOGÊNESE DAS FOBIAS
DESENVOLVIMENTO FÓBICO
TERAPIA PARA OS TRANSTORNOS FÓBICOS

PSICOGÊNESE DAS FOBIAS

Os transtornos fóbicos, ou medos exagerados, constituem sintomas neuróticos compulsivos, nos quais surgem esses pavores destituídos de motivos reais, em relação a determinados objetos ou situações, encarregando-se de restringir ou perturbar o comportamento do indivíduo.

Certamente, agem como fatores causais ou desdobramentos das fixações em vivências reais já experimentadas, quais a que diz respeito à angústia do peito.

Noutras circunstâncias, podem decorrer de medos infantis não superados, em relação a roedores, a aracnídeos, a répteis ou à escuridão com os seus fantasmas...

Do ponto de vista psicanalítico, decorre de um perigo interno pulsional ou medo da explosão da pulsão e sua plenificação no objeto que se fixa. Trata-se de uma atitude

Joanna de Ângelis / Divaldo Franco

de deslocamento da pulsão do objeto originário para um outro ou de qualquer situação que o substitua.

Como decorrência da teoria da aprendizagem, qualquer forma, objeto ou situação, pode transformar-se em fator de medo, dando lugar a inumeráveis estados fóbicos, cujos nomes correspondem àqueles mecanismos pulsionais que os geram.

Por exemplo: claustrofobia, em relação a lugares fechados; agorafobia, a espaços abertos; isoptrofobia, a espelhos; oclofobia, a multidão; acarofobia, a insetos; necrofobia, a cadáveres; zoofobia, a animais; alurofobia, a gatos; antropofobia, a gente; fotofobia, a luz solar; autofobia, a si mesmo...

Aprofundando-se, porém, a sonda investigativa em torno da psicogênese dos transtornos fóbicos, encontrar-se--ão, no Espírito, os fatores causais, quando houve comprometimentos morais e emocionais, decorrentes de situações lamentáveis e ações deploráveis contra o próximo ou a sociedade, mediante atos criminosos ou odientos experienciados.

As circunstâncias e ocorrências do momento insculpiram-se nos painéis delicados do inconsciente profundo do revel, porque rechaçados pela consciência, que desejava bloquear as reminiscências dolorosas, apagando as imagens infelizes e perturbadoras.

Por fenômeno natural, em face da *Lei de Causa e Efeito*, as ações hediondas praticadas sempre ressumam dos depósitos da memória inconsciente, graças ao perispírito, convidando o calceta à reparação.

Essa recuperação apresenta-se sob vários aspectos. Inicialmente, é o arrependimento que se impõe, fazendo que as lembranças sejam evocadas e revivenciadas, de

Conflitos existenciais

forma que os sentimentos morais deem-se conta da gravidade do ato ignóbil, tomando consciência do dislate e predispondo-se à mudança de atitude em relação à vítima e à vida. Logo depois, de maneira inevitável, a mesma consciência estabelece o sofrimento defluente dos resultados malsãos que foram impostos a outrem e do despertamento para os valores dignificantes que nunca podem ficar olvidados pelo ser em processo de evolução. Essa expiação do erro é indispensável ao reequilíbrio da emoção. Apesar desses fatores, impõe-se ainda a necessidade urgente de reparação dos males produzidos, e logo despertam os sentimentos dignificantes do amor, da caridade, da compaixão e da solidariedade, facultando o anular dos efeitos danosos que ainda perduram.

Nem sempre, porém, o processo apresenta-se fácil, em razão dos sentimentos daquele que foi ofendido, e que não desejando desculpar, e menos perdoar, desencadeia a ação obsessiva, gerando angústia no antagonista que, despreparado para a renovação moral, tomba nas malhas do sofrimento ultor.

A simples visão de qualquer fator que esteve presente na ação nefasta do passado desencadeia as lembranças inconscientes que se transformam em medo, logo depois em pavor, sob a ação da mente vingadora.

O mesmo acontece, não raro, na vida infantil, quando são detectados esses animais ou circunstâncias que desencadeiam as reminiscências nocivas, insculpindo-se na memória presente e dando lugar aos medos injustificáveis do ponto de vista atual, porém, filhos do remorso dos erros cometidos.

Assim sendo, as angústias defluentes do medo de situações, de animais e insetos, absolutamente destituídos de perigo, são efeito da consciência de culpa dos gravames praticados e não resolvidos pelo *Self*, que desperta para a necessária recuperação.

Automaticamente evitando as situações afligentes, o enfermo parece negar-se ao enfrentamento com a consciência, procurando manter obnubilada a razão, dessa maneira evadindo-se da reabilitação.

Mesmo os fatores atuais que desencadeiam os transtornos fóbicos, são resultantes dos impositivos divinos que geram circunstâncias nas quais o infrator das leis é convidado ao refazimento da ordem e do equilíbrio que foram perturbados pela sua inépcia ou perversidade nos trânsitos evolutivos pretéritos.

A saúde real decorre do Espírito em si mesmo, destituído de compromissos negativos e de condutas reprocháveis.

Como ninguém alcança as cumeadas sem que se lhe faça necessário passar pelas baixadas e sofrê-las, é natural que, no desafio da ascensão moral e espiritual, muitos tormentos sejam desencadeados em razão de condutas impróprias ou esdrúxulas, que serviram de recurso para a vivência individual.

Cometido o abuso, nova oportunidade surge com a carga das suas consequências, exigindo reparação.

Cada ser é, portanto, o somatório das suas existências anteriores, nas quais desenvolveu os valores sublimes que lhe dormiam ínsitos, desabrochando na vestidura carnal, qual semente que, para transformar-se em árvore frondosa, necessita do generoso acolhimento do solo, onde se entumece, cresce e atinge a sua fatalidade vegetal.

Conflitos existenciais

O destino do Espírito é a plenitude que lhe está reservada e que alcançará mediante passos seguros no rumo do dever e da paz.

DESENVOLVIMENTO FÓBICO

A fobia é uma perturbação de ansiedade relativamente comum, apresentando-se totalmente irracional. Se alguém reside em uma floresta, é natural que lhe possa acometer o receio de encontrar uma fera, um animal perigoso. No entanto, encontrando-se numa cidade civilizada, a probabilidade quase desaparece. Entretanto, em face de na cidade existir um jardim zoológico, o medo injustificado transfere-se para aquele local e, por extensão, para a zona onde se localiza, passando o paciente a recear toda a área, generalizando o estado fóbico.

Esse medo assume proporções graves, passando a estar presente em todos os momentos e aspectos da vida, em face da preocupação que desencadeia...

Não há uma lógica motivadora desse estado, em face de o paciente que tem esse medo, podendo evitar os lugares nos quais poderia sofrer o perigo de ser vítima daquilo que o aflige, isto é, de multidões ou de animais ferozes, preferir estar onde isso não ocorra. Mesmo assim, permanece o pavor, que pode ser brando ou não.

John Locke supunha que as fobias estariam associadas fortuitamente a ideias perturbadoras, qual a que ocorre na infância, quando se lhe narram histórias atemorizantes, produzindo o medo do escuro para sempre. Na atualidade, igualmente, diversos autores concordam que as fobias podem ter como causa o condicionamento clássico, isto é, o medo de determinado fator temeroso, que desencadeia a resposta na ativação autonômica – alteração cardíaca, sudorese, frio... –, que tipificam o estado mórbido.

Podem algumas fobias ser resultados desse condicionamento, quando alguém foi vítima de uma picada de inseto ou mordida de animal, e passou a temê-los, tornando-se uma fobia adquirida e gerando o condicionamento que se amplia ante estímulos novos.

Estuda-se, também, a possibilidade de ser aceita a teoria da prontidão das fobias, que seria resultado da herança dos nossos antepassados – os primatas – que foram vítimas de outros animais e insetos perigosos e, graças à seleção natural, desenvolveram o medo espontâneo a esses estímulos, havendo-os transmitido às futuras gerações. Como confirmação pode-se citar o medo em indivíduos normais, não fóbicos, de determinados estímulos produzidos por animais e semelhantes. No entanto, surgem críticas à teoria, em face da impossibilidade de estabelecer-se correlacionamentos entre o estímulo original e o efeito representativo. Justifica-se, ainda, que nas experiências em laboratório os sujeitos podem ter sido contaminados mediante contato com outros cultivadores desses receios, ou serem vítimas das tradições culturais, com as suas lendas e mitos, que geraram no inconsciente o medo injustificável.

Diferentemente do que ocorre nas fobias específicas, outras existem mais amplas e comuns, como a de natureza social.

Nesse capítulo, o paciente receia ser vítima de circunstâncias ou ocorrências que o levem a um constrangimento público, a uma humilhação indesejada, assim evi-

Conflitos existenciais

tando qualquer possibilidade de ocorrência, isolando-se quanto possível da convivência social e afligindo-se demasiadamente sempre que se encontra exposto a esse perigo.

A vida, no entanto, é constituída por desafios que convidam o indivíduo ao amadurecimento psicológico, à vivência de experiências que o assinalam com sabedoria, fortalecendo-lhe os valores éticos e morais, as conquistas culturais e religiosas, a evolução espiritual.

Uma vida normal é rica de sucessos e insucessos. Quando sucedem os últimos, aprende-se como não mais os repetir, adquirindo-se métodos eficazes para vivenciar as lutas de maneira equilibrada e enriquecedora.

Vitimados pela fobia social, os indivíduos receiam qualquer tipo de conduta pública, sempre temerosos de que lhes aconteça algo que os deprecie, como falar em público e gaguejar, alimentar-se diante de outros e ser vítima de engasgos, que são perfeitamente normais e acontecem com as demais pessoas.

Invariavelmente, quando se sentem obrigados a comparecer a essas reuniões profissionais, culturais e sociais, que não podem evitar de maneira alguma, buscam estímulos no álcool, amparo no cigarro ou nas drogas, por cujo uso perdem momentaneamente o medo, encontrando coragem para o enfrentamento.

Como consequência, tornam-se dependentes pela repetição, adicionando mais essa aflição à fobia de que são portadores.

Numa análise mais profunda do *Self*, encontrar-se-ão registros de causas do transtorno em existências passadas, quando foi feito mau uso do comportamento ou se vivenciaram ações perturbadoras desagradáveis que deixaram re-

Joanna de Ângelis / Divaldo Franco

gistros nos tecidos sutis do perispírito, tão graves foram as ocorrências infelizes.

Indivíduos que foram convidados ao destaque social e dele somente se aproveitaram para o enriquecimento ilícito, para o gozo pessoal, perdulários em relação aos valores da vida, que geraram culpa, e ora se apresenta em forma do medo de serem surpreendidos e desmascarados.

Sob outro aspecto, que padeceram situações penosas e não puderam digeri-las, superando-as, o que se transformou em fobia toda vez que algum estímulo desencadeia a associação inconsciente. Por exemplo, a desencarnação durante um desabamento, que produziu a asfixia até o momento final, e a presença em um ambiente fechado, que logo produz dificuldade respiratória; o sepultamento durante uma crise de catalepsia com o posterior despertamento no túmulo e a morte dolorosa por falta de oxigênio sob a terra ou no mausoléu.

Naturalmente, nem todas as formas fóbicas procedem de existências transatas, mas um grande número delas tem sua origem nessas malogradas reencarnações de cujos efeitos o Espírito ainda não conseguiu libertar-se.

Ainda nesse capítulo afligente, as obsessões desempenham papel primacial, em razão dos sentimentos hostis daqueles que foram prejudicados e não conseguiram superar a mágoa e o ódio, permanecendo ávidos de desforço e aproveitando-se das ocorrências naturais que são impostas aos infratores de uma para outra existência, ampliando-lhes os sofrimentos.

A princípio telepaticamente, enviando mensagens e sensações perturbadoras, mediante ressonância ou indução

Conflitos existenciais

mental, ampliando o cerco à medida que o paciente aceita a imposição deletéria.

Por fim, num conúbio emocional e psíquico mais estreito entre o desencarnado e o encarnado que lhe passa a sofrer a injunção penosa.

Os clichês mentais que perduraram através do tempo nos arquivos do inconsciente profundo ressuscitam o pavor, abrindo espaço para o acossamento do perseguidor inclemente que se compraz com a ocorrência perversa.

Quanto mais o paciente deixa-se atemorizar pelos estímulos que produzem os fenômenos fóbicos, mais esses ampliam a sua área, tornando-se insuportáveis, dando ensejo a novos temores que antes não existiam.

Terapia para os transtornos fóbicos

Os processos psicoterápicos são de grande eficiência para restabelecer a saúde emocional do paciente fóbico, trabalhando-lhe o inconsciente de forma a demonstrar-lhe a inutilidade do receio que jamais se transforma em acontecimento prejudicial à sua saúde, à sua vida.

Novas associações podem auxiliar na representatividade que faculte o equilíbrio, proporcionando bem-estar e autoconfiança.

O paciente, por sua vez, deve trabalhar-se interiormente, procurando introjetar a coragem e o bom senso, vencendo, a pouco e pouco, os medos mais simples e avançando no rumo das fobias perturbadoras.

Sejam adicionados os recursos terapêuticos espíritas, como o esclarecimento em torno da realidade espiritual que cada um é, a justiça das reencarnações, a bioenergia, como também através dos passes e da água fluidificada, das leituras iluminativas, das sessões de desobsessão, quando o paciente preparou-se pelo estudo e pela conduta para delas participar.

Uma atitude positiva e de confiança em Deus ante as ocorrências fóbicas é de valor insuperável, oferecendo resistência para quaisquer tipos de enfrentamentos emocionais, entre os quais as perturbações dessa ordem.

18
CORAGEM

ORIGEM DA CORAGEM
DESENVOLVIMENTO DA FORÇA E DA VIRTUDE DA CORAGEM
APLICAÇÃO DA CORAGEM

ORIGEM DA CORAGEM

A coragem pode ser incluída na lista das virtudes humanas, em face dos valores benéficos que propicia ao Espírito e à existência em si mesma. Encontra-se radicada no cerne do ser, em virtude de experiências morais e conquistas sociais realizadas em vivências passadas, quando as lutas e os desafios apresentaram-se exigindo solução.

No processo da evolução antropossociopsicológica, as alterações de níveis dão-se a cada momento, porquanto, conquistado um patamar de realização pessoal, outro logo surge, convidando ao avanço irrefragável.

Iniciam-se esses sentimentos, considerados valores morais, nas experiências mais simples diante das quais o Espírito não recua, nem desiste de enfrentá-las, por saber, às vezes, inconscientemente, que elas lhe constituem recursos de crescimento interior e de valorização da vida.

Logo depois, surgem as lutas inevitáveis entre o *ego* e o *Self,* que prosseguirão por período muito longo até que este último predomine em todas as instâncias.

Tão tenaz apresenta-se essa batalha que monges tibetanos, preocupados com a harmonia interior e a superação das paixões primárias, que desenham o futuro *ego,* recomendam o esforço de preservação da paz, em mentalização contínua e disciplinadora dos impulsos inferiores.

Narra, por exemplo, o monge Patrul Rinpoche que teria conhecido outro monge de nome Geshe Ben, que era tão rigoroso no cumprimento dessa necessidade – a da superação do *ego* – que discutia em voz alta, repreendendo-o sempre que era levado a uma atitude que considerava imprópria, portanto, detectando-a como inimiga do *Self.*

Mais de uma vez teria sido surpreendido reclamando com o *ego* impositivo, ao sentir ansiedade pela conquista ou realização de algo que lhe aprazia, transtornando-o, ou quando se dava conta de estar realizando algo que era contrário aos princípios adotados para a autoiluminação.

De certo modo, igualmente, narra-se que São Francisco, depois de haver-se doado ao Senhor Jesus, certo dia foi surpreendido, justificando-se nada mais possuir para dar-Lhe. Sem saber o que mais oferecer, permaneceu interrogando mentalmente o Mestre, quando ouviu nos refolhos da alma a dúlcida voz responder-lhe: – *Francisco, dá-me Francisco.*

Sucede que é muito fácil oferecer-se coisas e alterar-se situações em nome de ideais e de interesses com o *ego* escamoteado por sentimentos, mesmo que legítimos, de amor e de abnegação, no entanto, sem a coragem de dar-se, de

Conflitos existenciais

esquecer-se completamente, a fim de fazer-Lhe a vontade, e não aquela que é peculiar a cada um.

Essa é uma coragem grandiosa, a da superação do *ego*, porque é totalmente feita de despojamento, de abandono pessoal, de sublimação do *Self*. Trata-se de um desenvolvimento interno, mediante o qual as lutas exteriores ocorrem com facilidade, diferenciando-se do esforço veraz para o equilíbrio emocional.

Normalmente, aqueles que ainda não desenvolveram os requisitos morais, nem se ativeram à introspecção, de forma que descubram as excelências da harmonia, da saúde integral, desistem nas batalhas em que a coragem desempenha seu papel de alta importância.

Acostumados aos gestos exteriores, nos quais o aplauso ou a repreensão têm significado e sentido emocional, não sabem entregar-se a essa luta interna, silenciosa, sem testemunha, sem orquestração vaidosa.

A coragem, portanto, desenvolve-se lentamente, passando de um estágio a outro, galgando degraus mais elevados, desse modo, favorecendo a criatura com mais altivez e autoconfiança.

Examine-se a coragem de Jesus no desempenho da tarefa e a falta que fez a Judas e a Pedro, talvez capacitados para lutas externas, conforme sucedeu com Simão, no Jardim das Oliveiras, quando sacou a espada e agrediu, desnecessariamente, Malco, decepando-lhe a orelha. Esse gesto, considerado como de coragem, significou antes a reação do medo ou mesmo impulsividade, enquanto o Amigo permaneceu sereno, apresentando-se como o procurado, sem qualquer agressividade.

Jesus havia adquirido essa coragem muito antes de estar no mundo físico, enquanto Pedro demorava-se em processo de autorrealização.

Judas aguardava um Triunfador e, sem coragem para superar-se, traiu-se, traindo-O.

Amadurecido, mais tarde, com coragem moral, Pedro entregou-Lhe a vida, enquanto Judas, sem essa força grandiosa, fugiu, novamente perturbando-se ao dar-se conta do delito praticado, buscando o suicídio.

Não poucos heróis das batalhas públicas desequilibram-se diante das lutas íntimas, nas enfermidades, nas denominadas desgraças econômicas e sociais, políticas ou artísticas, na escassez, nos dramas do sentimento, porque lhes falta a coragem.

Esse acontecimento, entretanto, torna-se forjador da coragem em desenvolvimento, que se vai fixando nos painéis do *Self*, preparando-o para cometimentos mais audaciosos no futuro.

Torna-se indispensável que o indivíduo cultive os sentimentos do dever reto como essenciais para o desenvolvimento da coragem, porquanto, somente assim, terá forças para os enfrentamentos, apoiando-se nesses valores transcendentes de que se constituem os compromissos elevados.

Não acostumado à reflexão nem ao descobrimento da essência do que se lhe apresenta como valioso, o *Self* não dispõe de recursos para o avanço moral, deixando-se vencer pelo *ego* vicioso.

Eis por que, a cada conquista realizada, novas áreas devem ser ampliadas, facultando mais valiosos empreendimentos.

Conflitos existenciais

A coragem moral dispensa circunstâncias e posições relevantes. É um valor que perdura no indivíduo sempre vigilante para realizar o mister que lhe diz respeito. Conquistar essa virtude algo esquecida é uma proposta moderna para a aquisição da saúde integral.

Desenvolvimento da força e da virtude da coragem

A virtude da coragem tem lugar no momento em que o indivíduo liberta-se da proteção familiar, da segurança do lar, atravessando os diferentes períodos da adolescência e entrando na fase adulta, tendo que assumir responsabilidades.

Nesse período é inevitável a aquisição da autoconsciência, que deflui dos tentames contínuos para a identificação da própria realidade, para a conquista do *Self*, abandonando os artifícios e mecanismos de fuga da responsabilidade, de modo a suportar os enfrentamentos que se impõem necessários.

O desenvolvimento biológico nem sempre se faz acompanhar pelo crescimento psicológico, porquanto, muitas áreas da emoção permanecem dependentes das circunstâncias anteriores, do protecionismo recebido na família, dos pais e mais velhos que procuraram poupar das adversidades, dos conflitos, das lutas da evolução, o jovem em crescimento.

A coragem apresenta-se, nesse momento, equipando o ser em busca da realização pessoal, mediante a seleção de valores de que se deve munir para seguir no rumo das metas que elegerá na sucessão do tempo.

Atado a imposições sociais, educacionais, tradicionais, não raro perde-se em conflitos desnecessários, gerando comportamentos de medo, de ansiedade e de insegurança, que se tornam verdadeiras cadeias retentivas na retaguarda. A autoconsciência ajuda a compreender que se torna necessário discernir para acertar, insistir para lograr êxito, trabalhar com afinco nos propósitos escolhidos, dispondo-se a errar e repetir a experiência, a perder a ingenuidade para adquirir a maturidade, a vivenciar decepções que nascem nas ilusões para compreender a realidade, mantendo a coragem de não desanimar, nem desistir, entregando-se à autocompaixão ou à depressão.

O desenvolvimento animal ocorre através de períodos sucessivos, tais como a infância, a adolescência ou juventude, a idade adulta, a velhice e a morte. Todas essas etapas fazem parte do esquema biológico normal e natural do processo vital.

Passa-se de um para outro estágio biologicamente, mas nem sempre com o amadurecimento psicológico correspondente, que deveria acompanhar a nova aquisição, por isso mesmo facultando que se instalem inquietações e desalentos que se podem tornar patológicos.

Necessário coragem para analisar com tranquilidade cada fase da existência física, como parte do processo de crescimento inevitável que culmina na morte orgânica, incapaz de extinguir a vida.

Essencialmente imortal, o Espírito é o ser integral, que desenvolve do germe divino que traz latente, para utilização no transcurso das reencarnações, aprimorando-se sempre em cada etapa vitoriosa, em cujo curso apresentam-

-se os valores nobres que o exornarão mais tarde, quando superados os períodos mais difíceis.

Nesse processo de evolução, a coragem assume diferentes aspectos, proporcionando relacionamentos saudáveis que são indispensáveis para o desiderato feliz. Todos necessitam de coragem fraternal para a convivência, resultando em vínculos de amizade profunda, capazes de resistir às agressões e discordâncias que, comumente, têm lugar nos comportamentos humanos.

Insistir nos bons sentimentos da amizade, na procura dos relacionamentos afetivos na área do amor sexual, livrando-se dos conflitos de qualquer natureza, com a coragem de autossuperação, constitui uma das metas a alcançar na busca da saúde plena.

Dispondo-se ao crescimento interior e à realização social e familiar, nos negócios e nos empreendimentos profissionais, o indivíduo necessita dessa coragem dinâmica, criativa e fortalecedora que não esmorece diante do aparente fracasso, por entender que toda conquista é portadora de um preço específico.

A coragem é um ato, portanto, de bravura moral, virtude que deve acompanhar o sentimento humano, em vez do marasmo ante decisões ou diante da acomodação ao que já foi conseguido, da satisfação infantil pelo que se logrou, quando os horizontes mais se ampliam na direção do futuro, à medida que se avança.

Necessário separar o heroísmo da coragem real, porquanto as circunstâncias e o momento podem influir para que sejam consumados atos especiais e grandiosos, enquanto o desafio mais constante é de natureza interna como forma permanente de conduta emocional.

Eis por que nunca se deve alguém acovardar diante dos enfrentamentos, que são a fonte estimuladora do crescimento espiritual.

O ser humano possui reservas de força moral quase inconcebíveis, desde que estimuladas pelas ocorrências.

Verdadeiros pigmeus culturais e sociais podem alcançar níveis elevados de coragem, enquanto indivíduos de alta envergadura intelectual e social preferem mergulhar nos abismos do medo e da depressão, quando convidados às decisões e aos labores contínuos.

A aparência em que se transita nem sempre revela o grau de moralidade pessoal e de valor espiritual de que se é portador. Por isso mesmo, a coragem é o estímulo para que desabrochem os valores que dignificam e produzem a autorrealização.

A coragem pode assumir também outro delicado e sutil aspecto no comportamento humano, qual seja, criar, oferecendo beleza através da arte, da cultura, da religião, da bondade, da solidariedade.

Vivendo-se numa sociedade que se caracteriza pelo isolacionismo, pelo egoísmo, que prefere o interesse imediato, a troca de favores, é natural que alguém rompa o condicionamento e tenha a coragem de ser diferente, desenvolvendo o gênio criativo e o sentimento de compaixão pela ignorância, solidarizando-se com a vida e com todos os seres sencientes.

Quando falta essa virtude no indivíduo, que parece haver-se cansado de trabalhar em favor dos ideais e da construção do grupo social melhor, pode-se considerar que essa conduta se firma numa acomodação covarde ante os impositivos do progresso. Sentindo-se compensado pela

Conflitos existenciais

vida, avançado na idade, considerando a proximidade da morte, não sente mais interesse em ampliar as possibilidades de felicidade geral, derrapando no obscurantismo, na indiferença, deixando de viver plenamente, porque elegeu apenas o momento que passa.

A coragem de lutar não espera compensação de qualquer natureza. Mesmo quando a morte do corpo se aproxima, o homem e a mulher de coragem prosseguem na sua faina de oferecer exemplos e contribuições que felicitam aqueles que vêm na retaguarda, e avançam confiantes na contribuição daqueles que os precedem pelos caminhos da inteligência e do sentimento.

Coragem é mais que destemor ante perigos, é a conquista da autoconsciência que faculta a segurança nas possibilidades e nos meios valiosos de prosseguir na conquista de si mesmo.

Aplicação da coragem

Nada obstante a coragem expresse o nível moral de cada indivíduo, podemos dilatar o conceito para a análise daquela de natureza física, identificada nos transes desencadeados pelas enfermidades, pelos acidentes dilaceradores...

Muitos pacientes demonstram coragem diante de doenças devastadoras, enquanto outros se deixam arrastar por desesperação incontrolável. Merecem, no entanto, as duas atitudes, algumas considerações.

No primeiro caso, a pessoa pode ser constituída de grande resistência orgânica, de menor sensibilidade, que dificultam a manifestação das dores acerbas. No segundo caso, conflitos emocionais que desestruturam o comportamento, abrem espaço para que os fenômenos aflitivos, dores e padecimentos, assumam uma gravidade que, em realidade, não existe. O próprio desconserto emocional contribui para a exacerbação da sensibilidade, transformando-se em aflição desmedida.

Em ambos os casos, no entanto, o equilíbrio moral faculta a coragem ou retira-a durante a injunção aflitiva.

Na fase, porém, das ocorrências morais, aquelas que ferem os sentimentos que geram perturbação no raciocínio e ameaçam o equilíbrio mental, é que a coragem faz-se testada.

Nesse caso, torna-se constituída pelos elementos da autoconsciência, da compreensão do seu significado existencial e do raciocínio lógico para a diluição do gravame, diminuindo-lhe o significado.

Reconhecendo-se vítima, ou identificando-se como vitimado circunstancialmente pelo ocorrido, a coragem moral acalma as reações orgânicas, evitando que os sentimentos contraditórios da mágoa, do revide, do ódio se lhe instalem nos painéis da emoção, gerando tumultos íntimos.

A coragem deve ser exercitada em pequenas ocorrências e diferentes cometimentos.

Aceitar o insucesso como uma experiência necessária para assegurar futura vitória, faculta e estimula a coragem para novos tentames.

A consideração em torno da fragilidade pessoal, tendo em vista a vigilância, dispõe a um comportamento linear e estável de harmonia diante de infortúnios ou de alegrias no transcurso da existência.

Conflitos existenciais

Assumir a identidade pessoal, evitando a conduta-espelho, que reflete os outros em detrimento de si mesmo, propicia coragem para prosseguir de ânimo forte.

Logo surgem as manifestações secundárias da coragem, como servir sem preocupação de encontrar-se bem no contexto social, de fazer o conveniente em detrimento daquilo que deve, adquirindo harmonia interior, que resulta do fenômeno da consciência tranquila.

Confunde-se coragem com intemperança, agressividade, intempestividade, que são, não poucas vezes, reações do medo expresso ou escamoteado.

A coragem é também terapêutica, porque estimula ao trabalho, à realização de obras dignificadoras, mesmo quando as circunstâncias se fazem desfavoráveis.

Quando se apresentem na conduta receios infundados, insegurança para decidir, dificuldades para comportar-se em equilíbrio, subjazem fenômenos psicológicos de ansiedade e culpa não diluídas.

Recursos psicoterapêuticos devem ser buscados, a fim de propiciar a coragem, o valor moral para autoavaliação, sem pieguismo, e transformação interior para melhor, sem pressa.

Como corolário da coragem moral superior, o amor desempenha uma função primordial naquele que se candidata à aquisição da harmonia no processo da sua evolução.

19
AMOR

PSICOGÊNESE DO AMOR
DESENVOLVIMENTO DO AMOR
SUBLIMAÇÃO DO AMOR

PSICOGÊNESE DO AMOR

O amor é de essência divina, porque nasce na excelsa paternidade de Deus. Emanação sublime, encontra-se ínsito no hálito da vida, quando o psiquismo em forma primitiva mergulha na aglutinação molecular, dando início ao grandioso processo da evolução.

Na sua expressão mais primária, manifesta-se como a força encarregada de unir as partículas, compondo as estruturas minerais, transferindo-se, ao longo dos bilhões de anos, para as organizações vegetais, nas quais desenvolve o embrionário sistema nervoso na seiva que mantém a vida, através do surgimento da sensibilidade.

Um novo processo, que se desdobra por período multimilenar, trabalha a estrutura vibratória da energia psíquica de que se constitui, facultando-lhe o desdobramento das sensações até o momento em que surge o instinto nas formas animais. É nessa fase que se irá modelar o futuro da constituição do *ego*, enquanto o princípio inteligente, embora adormecido, inicia a elaboração da individualização do *Self*. A fera que lambe o descendente e o guarda, exercita o sentimento de carícia que um dia se transformará em beijos da mãezinha enternecida pelo filho.

A predominância do instinto, na sucessão dos milhares de anos, desenvolverá o sentimento de posse, e este, o do medo da agressão, induzindo comportamento violento em defesa da própria vida.

Ao longo dos milênios, ao alcançar o estado de humanidade, a herança acumulada nos milhões de anos transcorridos no processo de contínuas transformações, desencadeia a preponderância do egocentrismo, de início, seguindo o caminho do egotismo exacerbado até o momento quando ocorre a mudança de nível de consciência adormecida para a desperta, responsável por aquisições emocionais mais enriquecedoras.

É nessa fase de modificações que tem início o sentimento do amor, confundindo-se ainda com as manifestações do instinto em primitivas formas predatórias contra outras expressões de vida, prevalecendo as sensações que, inevitavelmente, rumam para as emoções dignificantes.

Somente quando alcança um equânime estado de desenvolvimento é que os sentimentos podem ser educados e exercitados, fornecendo recursos à razão, mediante os equipamentos delicados e próprios para a elaboração da proposta de felicidade. Nada obstante, desde os primórdios do instinto que a educação exercerá uma contribuição

Conflitos existenciais

fundamental para o crescimento e as aquisições dos valores pertinentes a cada faixa do fenômeno evolutivo.

A conquista da razão, em decorrência dos automatismos inevitáveis da fatalidade antropossociopsicológica, faculta o surgimento da consciência lúcida, que esteve submersa em níveis inferiores, escrava dos impositivos dos instintos primários em prevalência.

Nesse período de crescimento de valores éticos e estéticos, o amor desempenha um papel fundamental, pelo fato de constituir-se em estímulo para conquistas mais avançadas em direção do futuro.

Da posse perversa e egotista do primarismo à renúncia abnegada do patamar de lucidez espiritual, toda uma larga experimentação, na área das emoções, encarrega-se de limar as arestas do *ego*, favorecendo o *Self* com o desabrochar das emoções superiores.

Em razão desse demorado processo, o imediatismo do instinto que domina e frui prazer sensorial, aperfeiçoa-se, tornando-se emoções espirituais que governarão o porvir do ser em desenvolvimento moral.

A necessidade do amor, nesse longo trânsito, apresenta-se como propelente à conquista de mais nobres níveis de consciência, responsáveis pela beleza, pelo conhecimento cultural e moral, pelas realizações afetuosas, pela solidariedade humana, pela conquista holística do pensamento universal.

Atado, no entanto, às heranças do gozo, às vezes, asselvajado pela imposição grosseira, o *Self* passa lentamente a administrar os impulsos que se tornam, ao longo das sucessivas reencarnações, mais sutis e nobres, expandindo-se,

215

tornando-se fonte vital de recursos para o progresso e desenvolvimento interior a que está destinado.

Existe um inevitável encadeamento de logros na soberania da vida, que parte do simples para o complexo, da ausência de conhecimento para a sabedoria, mediante a espontaneidade das Soberanas Leis, que elaboram o mecanismo da evolução inevitável.

Uma faísca minúscula responde pela calamidade de um incêndio devorador, desde que encontre combustível próprio para expandir-se.

Da mesma forma o amor, apresentando-se em mínima expressão, nas primárias manifestações, encontrando estímulos, desenvolve os sentimentos e transforma-se em um oceano de riquezas.

A fatalidade da chispa divina que vitaliza os diversos reinos da Natureza é alcançar o estágio de plenitude, de Reino dos Céus, de nirvana.

É totalmente impossível evitar-se o processo de contínuas transformações, desde a essência cósmica que se faz psiquismo individual, mais tarde Espírito pensante, rumando para a sublimidade.

Desenvolvimento do Amor

Em cada etapa da evolução do ser, o amor experiencia manifestações pertinentes ao próprio processo.

Dos impulsos desconexos da proteção às crias, na fase animal, esse psiquismo avança na escala evolutiva sob a contribuição dos sentimentos de defesa e de orientação

Conflitos existenciais

que surgem nos primórdios da razão, embora sob os impositivos da dor.

O medo, que predomina na natureza animal, transfere-se para o ser humano, que aprende a submeter--se, de modo a poupar-se aos sofrimentos, a diminuir as aflições.

A domesticação da fera transforma-se em educação do indivíduo humano e social, que aprende a discernir e a compreender o significado, o sentido psicológico e real da existência.

Paulatinamente, a sensação do prazer cresce para tornar-se emoção de paz e de felicidade, fundindo a manifestação sensorial em expressão de sentimento que avança da fase física para a psíquica e emocional, através dos feixes nervosos que compõem o corpo sob o comando do Espírito em pleno desenvolvimento.

O amor possessivo, herança do pretérito, pode passar pelos dissabores das enfermidades emocionais, levando ao crime, em razão do ciúme, da insegurança, da ausência de autoestima, de desconforto moral.

Esse desenvolvimento ocorre mediante a contribuição moral do esforço para que o indivíduo adquira independência, seja capaz de amar, após exercitar-se no autoamor, superando os conflitos da insegurança, do medo, das resistências à entrega.

Jornadeando na infância emocional, o ser imaturo deseja receber sem dar, ou quando oferece, espera a retribuição imediata, compensadora e fácil.

Somente após descobrir que a vida é portadora de muitos milagres de doação em todos os aspectos em que se apresente, é que o *Self* discerne, deixando de ter necessidade de receber para poder regatear emocionalmente, identificando a excelência do ato de amor sem restrições, sem as exigências egoicas que descaracterizam o ato de amar.

O amor é a mais elevada e digna realização do *Self,* que se identifica plenamente com os valores da vida, passando a expandir-se em formas de edificação em todas as partes. Os atavismos ancestrais, no entanto, estabelecem parâmetros a respeito do sentimento de amor, que não correspondem à realidade, por serem manifestações ainda primárias dos períodos antropológicos vencidos, mas não superados.

Processos educativos castradores, métodos coercitivos de orientação emocional desenvolvem no adolescente e aprofundam mais tarde, nos adultos, conflitos que não existiam na infância, gerando medo, ansiedade e desconfiança em relação às demais criaturas e à sociedade em geral.

A espontaneidade infantil que existia no âmago do *Self,* cede lugar à hipocrisia adulta, à negociação para estar bem, mediante o engodo e a promessa, longe do comportamento natural e afetuoso que deve viger no amor.

As expectativas de quem ama são decorrentes da visão distorcida da realidade afetuosa, esperando plenificar-se com a presença de outrem, esquecendo-se de que ninguém pode proporcionar ao ser mais amado aquilo que não foi gerado nele mesmo. Pode oferecer-lhe estímulos valiosos para o encontro do que já possui em germe, mas não pode transferir-lhe, por mais que o deseje.

Da mesma forma, não se consegue infelicitar senão àquele que já mantém o conflito da desarmonia interior, embora submerso em neblina, que vai dissipada pelo calor

Conflitos existenciais

da realidade, que é a exteriorização do outro conforme é, e não consoante a imagem que se lhe fez.

Na experiência do amor, é indispensável o autoenriquecimento, a fim de poder entender e sentir a manifestação afetuosa do outro que lhe comparte as alegrias e que lhe reparte as satisfações.

A viagem do amor é sempre de dentro para fora, sem ornamentos exteriores, que muitas vezes disfarçam-lhe a ausência em face dos conflitos nos quais o indivíduo se encontra mergulhado.

Por imaturidade psicológica, as pessoas fingem amar, sonham que amam, permutando brindes, que muito bem foram definidos por Erich Fromm e outros autores como a orientação para transações.

Acostumadas a negociar, pensam que a experiência do amor deve ser revestida de outros interesses que despertem cobiça e facultem a ansiedade de lucros. Por isso não são capazes de amar realmente, mesmo quando o desejam, vitimadas pelo medo de serem ludibriadas, feridas no sentimento, abandonadas ao se entregarem...

Há um esquecimento em torno da emoção de que se pode amar e se deve amar, porém, nunca amar por necessidade de ter um amor.

Por essa razão, o amor resulta de um estado de amadurecimento psicológico do ser humano, que deve treinar as emoções, partilhando os sentimentos com tudo e com todos.

Quando se ama um cão, um gato ou outro animal qualquer, nunca se espera que ele seja algo diferente da própria estrutura ou que alcance um nível impossível na sua faixa evolutiva.

Todavia, quando se ama a outrem, no nível de humanidade, sempre se exige que o outro se submeta, adquira valores que ainda não possui, cresça ao elevado patamar da expectativa de quem se lhe afeiçoa.

Na educação, erroneamente, há o sistema de punição e de recompensa, raramente de discernimento de valores, referindo-se ao que é verdadeiro e ao que é falso, ao nobre e ao mesquinho, ao digno e ao vulgar. Usa-se a ameaça como forma de impedir-se a repetição dos erros, gerando medo, hipocrisia e fingimento.

Assim ocorrendo, como forma de vida, no momento do amor, o fascínio exercido pela função da libido leva à necessidade da conquista de outrem, daquele que lhe desperta o desejo, a qualquer preço, dando lugar a sentimentos que não correspondem à realidade. Passado o período da novidade sexual, caídas as máscaras que foram afixadas na face do outro, daquele que se deseja conquistar, e no qual se projetam valores, beleza e talentos que realmente não possui, vem a decepção, surge o desencanto, e o antes sentimento dito de amor transforma-se em frustração, rebeldia, agressividade e mesmo ódio...

Os relacionamentos afetivos são individuais, transformando o amor em uma emoção responsável, madura, preparada para enfrentamentos e desafios perturbadores, tornando-se gentil e incondicional.

Desse modo, num relacionamento amoroso, são duas metades que se completam, embora possuindo características diferentes que são harmonizadas pelo sentimento afetivo.

Conflitos existenciais

Cada um deve manter a preocupação de oferecer mais do que recebe, resultando em constante permuta de emoções felizes.

A pessoa que ama deve medir quanto ama, a fim de que mantenha a responsabilidade de levar adiante o compromisso afetivo.

Não havendo essa conscientização, em qualquer circunstância menos agradável, abandona o outro, foge da realidade, sem conseguir evadir-se de si mesmo, o que é mais grave.

Somente ama de fato aquele que é feliz, despojado de conflitos, livre de preconceitos, identificado com a vida.

Normalmente, as pessoas atormentadas pensam que poderão ser felizes quando forem amadas, sem a preocupação de serem aquelas que amam. Na sua inquietação e insegurança, esperam encontrar portos seguros para as embarcações das emoções desordenadas, sem a preocupação de curar-se para navegar em paz...

Não havendo amor interno, asfixiando-se no desespero, transmitem essa sensação estranha e inquietadora, sem condições de saberem receber a bonança que lhes chega, quando as alcança.

Logo fazem-se exigentes, ciumentas, vigilantes e apreensivas, em constante ansiedade, temendo perder o que gostariam que lhes pertencesse. Ninguém pode aprisionar o amor, porquanto, se o tenta, asfixia-o, mata-o.

Enquanto viger o interesse físico, a busca da beleza, do contato sexual em face da atração irresistível, o amor estará distante, apresentando-se em forma de síndrome de Epimeteu, com todas as consequências da imprevidência, da precipitação, da ansiedade de agir para considerar depois do fato acontecido.

O desenvolvimento do amor faz-se lentamente, conquista a conquista de experiência, de vivência, de entrega...

SUBLIMAÇÃO DO AMOR

O incomparável psicoterapeuta Jesus bem definiu o sentido do amor ao explicar ser ele fundamento essencial a uma existência feliz, conforme a excelente síntese: *Amar a Deus acima de todas as coisas e ao próximo como a si mesmo.*

Nessa admirável proposição de terapia libertadora, estão os postulados essenciais do amor que, para fins metodológicos, invertemos a ordem apresentada para nova análise: *Amar-se a si mesmo, a fim de amar ao próximo e, por consequência, amar-se a Deus.*

O homem e a mulher ocidentais contemporâneos herdaram quase quatrocentos anos de individualismo, de competitivismo, cuja conduta se caracteriza pela dominação do outro, do poder acima de qualquer outra condição, gerando incomum ansiedade, desmotivação para os ideais superiores, vazio existencial, insatisfação.

O amor é o oposto desse comportamento, por exigir uma transformação de conceitos existenciais, de condutas emocionais, iniciando-se na reflexão e vivência do autoamor.

Somente é capaz de amar a outrem aquele que se ama. É indispensável, portanto, que nele haja o autoamor, o autorrespeito, a consciência de dignidade humana, a fim de que as suas aspirações sejam dignificantes, com metas de excelente qualidade.

Conflitos existenciais

Amando-se, a si mesmo, o indivíduo amadurece os sentimentos de compreensão da vida, de deveres para com a autoiluminação, de crescimento moral e espiritual, exercitando-se nos compromissos relevantes que o tornam consciente e responsável pelos seus deveres.

Identificando os valores reais e os imaginários, descobre os limites, as imperfeições que lhe são comuns, e luta, a fim de superá-los, trabalhando-se com empenho e com bondade, sem exigências desnecessárias nem conflitos dispensáveis, perdoando-se quando erra, e repetindo o labor até realizá-lo corretamente.

O amor é um encantamento, uma forma de autopercepção, em razão de exigir empatia com o outro, de afirmações e de descoberta de potencialidades que se unem em favor de ambos, sem a castração ou impedimento da liberdade.

O amor não pode ser acidental, isto é, biológico ou ocasional.

Amar os pais, os irmãos, os familiares, porque tiveram lutas e viveram em função um do outro, não tem cabimento no compromisso do amor. Quando os pais exigem que os filhos os amem, considerando o sacrifício que fizeram para os educar, as renúncias que se impuseram, a fim de que fossem felizes, esse não é um sentimento de amor, porém, de retribuição.

O amor é espontâneo. Além do natural dever de amar os pais e os familiares, ele deve brotar em forma de ternura e de emoção felicitadora, para que se não converta em pagamento.

Em razão disso, os pais também amam por dever, e tudo quanto realizam decorre da alegria de poderem amar,

Joanna de Ângelis / Divaldo Franco

de compensarem as lutas na alegria do educando, sem a espera exigente da retribuição.

Desse modo, o amor não pode gerar dependência, a que se apegam pessoas ansiosas, irrealizadas, vazias, atormentadas, que transferem os seus conflitos para outrem, necessitando de uma segurança que ninguém lhes pode oferecer. Mediante essa conduta, a relação afetiva adquire quase um caráter comercial de trocas e de interesses na busca da satisfação de desejos e de incompletudes, alcançando o lamentável estado de masoquismo parasítico.

Nesse jogo de interesses, dois indivíduos solitários encontram-se e, porque desejam um relacionamento de compensação, supõem que se amam, quando, em realidade, estão protegendo-se da solidão, dando lugar a um vazio interior muito maior do que o vivenciado antes.

Quando isso acontece, o relacionamento torna-se gerador de neuroses mais perturbadoras.

Indispensável gerar-se o hábito de amar sem negociar sob qualquer aspecto que se deseje, particularmente, quando se foge para o impositivo evangélico de ganhar o *Reino dos Céus.*

Com esse exercício, passa-se a compreender o seu próximo, a entender-lhe as dificuldades e as lutas, os esforços nem sempre exitosos e os sacrifícios.

Da compreensão fraternal vêm o sentimento solidário, a amizade, a não exigência de torná-lo o que ele ainda não consegue ser, terminando por amá-lo.

Pode ser inversa a forma: sentir o amor, sem conhecer o outro, porém, à medida que o vai identificando, tem facilidade para aceitá-lo como é, sem as fantasias infantis e mitológicas dos períodos já ultrapassados, com capacidade

Conflitos existenciais

emocional para perdoar e perseverar nos elevados propósitos do amor.

Na polimorfia das apresentações do amor, ainda predominam os sentimentos apaixonados, resultados de precipitação, de necessidades fisiológicas ou emocionais de acompanhamento, sem o sentido profundo da afeição, com toda a carga de responsabilidade que lhe é peculiar.

O amor é característica definidora de condutas fortes, de indivíduos saudáveis, e não daqueles que se dizem fracos, necessitados, porque, nada possuindo, infelizmente não têm o que dar, esperando sempre receber. É comum dizer-se, na cultura hodierna, que as pessoas fracas muito amam, olvidando-se que essa conduta é interesseira, ansiosa por proteção, pela cobertura emocional e física de outrem...

Para que haja ternura no relacionamento, é necessário que existam forças morais para superarem dificuldades, e quanto mais se entrega, mais alto nível de doação alcança, sem que perca a individualidade, suas metas, seus sonhos...

Quando alguém se convence de que é fácil amar, num comportamento realista, faculta-se a disposição de abandonar as máscaras ilusórias e fantasistas com que muitos vestem o amor, permitindo-se a realização pessoal psicológica no ato da afeição.

Logo, assim conduzindo-se, o ser humano passa a amar a Deus, na plenitude da vida que descobre rica de bênçãos em toda parte.

Encontra-O em toda parte, sente-O em tudo e em todos, vive-O emocionadamente onde se encontra, conforme se comporta, aspirando-Lhe o alento vivificador.

Desse modo, o amor é influxo divino que alcança o ser nos primórdios do seu processo de evolução e que se desenvolve, crescendo, até poder retornar à *Fonte Criadora*. Sublime, em qualquer expressão em que se apresente, é a presença da harmonia que deve vibrar no sentimento humano.

Partindo das manifestações dos desejos sexuais até as expressões de renúncia e santificação, o amor é o mais eficaz processo psicoterapêutico que existe, ao alcance de todos.

20
MORTE

FISIOLOGIA DA MORTE
INEVITABILIDADE DA MORTE
LIBERTAÇÃO PELA MORTE

FISIOLOGIA DA MORTE

A fatalidade biológica estabelece que tudo quanto nasce, morre. O processo de desenvolvimento celular, nas suas contínuas transformações, alcança um momento no qual cessa, dando início a outra ordem de fenômenos transformadores.

Por mais envolta em mitos e tradições, mascarando-se e confundindo o pensamento humano, a morte consiste na interrupção dos procedimentos vitais que mantêm o organismo em atividade, determinando-lhe a cessação.

Desde os primórdios do pensamento, que se tem conhecimento de que a morte se afigura como parte da vida, por uns considerada como etapa final do ser e por outros aceita como inevitável, ensejando novas experiências transcendentais.

No arquipélago constituído por aproximadamente setenta trilhões de células que constituem o corpo humano adulto, as suas transformações apresentam-se incessantes, de forma que a complexa máquina orgânica prossiga em trabalho harmônico.

A cada segundo morrem trinta milhões de hemácias que são substituídas por outras. Da mesma maneira, em cada quinze minutos, uma parte expressiva do corpo cede lugar a outra substituta, graças à qual a vida prossegue inalterada.

A memória das células, por meio de admirável automatismo, repete as experiências das anteriores, de maneira que os fenômenos que produzem continuem no mesmo ritmo, até o momento quando, perdendo-a, por fatores diversos, abre espaço à multiplicação desordenada que dá origem aos tumores...

Preservar o corpo dos agentes destrutivos tem sido a luta da inteligência, hoje através da Ciência e da Tecnologia, de maneira a mantê-lo saudável e operacional, facultando prazer e felicidade.

Apesar disso, o mistério da morte – o que acontece durante e depois dessa etapa – ensejou à Filosofia as reflexões que deram margem ao surgimento de inúmeras escolas de estudos, de debates, de lutas, algumas encarniçadas...

Se, de um lado, quando ocorrem insucessos e sofrimentos na existência, a busca da morte tem sido algo perturbador, como solução enganosa, em luta feroz contra o instinto de conservação, sob outro aspecto, persiste um desejo predominante na natureza humana para driblá-la, prolongando a vida e tornando-a eterna no corpo físico...

Conflitos existenciais

Há uma tradição na *Odisseia,* em que as sereias invejaram Ulisses por ser ele mortal, enquanto elas permaneciam nesse estado saturador de imortalidade física.

Por outro lado, nas *Viagens Maravilhosas de Gulliver,* este visita um país no qual em cada cem anos nascia uma geração de imortais físicos. Como era natural, Gulliver desejou conhecer alguns daqueles que haviam superado a fatalidade biológica, sendo levado a uma enfermaria onde estavam os macróbios multisseculares, em estado deplorável de degeneração orgânica, com os membros deformados, decompondo-se em vida, em razão da putrescibilidade da matéria de que se constituíam.

É de todo inevitável a desorganização dos tecidos fisiológicos em face da transitoriedade de que se constituem. Após o nascimento do corpo, a fatalidade biológica, responsável pelas transformações, leva-o ao amadurecimento, à velhice e à morte das suas formas.

Neste mundo relativo, toda organização tende à desagregação imposta através da *Lei de Entropia,* responsável pela quantidade de desordem de qualquer sistema.

Dessa maneira, toda forma organizada marcha para o caos.

Não poderia o corpo humano, em caráter de exceção, encontrar energia suficiente para uma infinita permuta de calor que se fizesse responsável pela manutenção do seu sistema, da sua organização molecular.

É necessário que haja a morte orgânica, a fim de que ocorram alterações, aperfeiçoamentos. Tem sido por meio do processo nascer, viver, morrer, que as formas aprimoraram-se através dos milhões de anos, em sucessivas experiências, agasalhando o princípio espiritual que as vem modelando, na busca de melhor estrutura e mais perfeita harmonia.

Morre uma organização celular, facultando o surgimento de outra, como acontece com a planta vergastada pela tormenta que, logo após, se renova com exuberância. Essa sombra, conforme Platão denominava o corpo, é temporária residência do ser, o Espírito imortal.

A consumpção, porém, é apenas aparente, porquanto as moléculas que o constituem voltam a reunir-se formando outras expressões materiais.

O aniquilamento é pobre visão dos débeis órgãos dos sentidos.

O importante, dessa forma, durante a existência física, não é a durabilidade em que se estrutura, mas a maneira como é vivida em profundidade, mediante a conscientização de cada momento, exornando-a de beleza e de alegria.

O temor da morte, por um lado, é resultado de atavismos arcaicos, dos pavores das forças ignotas da Natureza, quando o homem primitivo lhes sofria o terrível guante, dos medos das eternas punições, sem misericórdia nem compaixão, das fantasias perversas que foram inculcadas através dos milênios na mente humana. Por outro, é também o receio do enfrentamento da consciência que se desvela, por ocasião do renascimento espiritual além das cinzas e do pó orgânicos, desnudando o ser. Ainda pode resultar da cultura materialista, que a considera como o apagar da memória, da inteligência, o destruir da razão, dessa maneira, o retorno ao nada...

O quimismo cerebral, por mais se estabeleçam teorias em torno da sua responsabilidade na construção do pensamento, da consciência, da razão, não consegue ofe-

Conflitos existenciais

recer a visão real em torno da lógica do existir, dos racio-
cínios abstratos, como resultado de conexões neuroniais,
facultando elucubrações e concepções audaciosas.

O cérebro não produz a mente, razão pela qual a sua
morte não deve constituir motivo de temor.

Transtornos depressivos graves também ocorrem
como efeito do pavor da morte, induzindo os pacientes
a fugirem das reflexões saudáveis para mergulhar, embora
sem o desejar, naquilo que receiam.

A única atitude lógica diante da morte é a fixação na
vida e nas suas concessões, experienciando cada momento
de forma adequada, mesmo quando tudo aparentemente
conspira contra essa atitude.

No diálogo com os seus juízes, Sócrates assim se
expressa:

"De duas uma: ou a morte é uma destruição absoluta, ou é passagem da alma para outro lugar. Se tudo tem
que extinguir-se, a morte será como uma dessas raras noites
que passamos sem sonho e sem nenhuma consciência de
nós mesmos. Porém, se a morte é apenas uma mudança de
morada, a passagem para o lugar onde os mortos se têm de
reunir, que felicidade a de encontrarmos lá aqueles a quem
conhecemos! O meu maior prazer seria examinar de perto
os habitantes dessa outra morada e de distinguir lá, como
aqui, os que são dignos dos que se julgam tais e não o são.
Mas, é tempo de nos separarmos, eu para morrer, vós para
viverdes." (KARDEC, Allan. *O Evangelho segundo o Espiritismo*, Introdução.)

Inevitabilidade da morte

Não se pode estabelecer por definitivo quando ocorrerá a disjunção molecular. Fatores complexos, que procedem de existências transatas e realizações atuais, postergam ou antecipam o instante da desencarnação, que pode ser por procedimentos fatais, denominados como tragédias, ou acidentes de qualquer natureza, mediante o curso de enfermidades de breve ou de larga duração.

Indispensável estar-se consciente da ocorrência que terá lugar no momento adequado, nada obstante, sem assumir qualquer tipo de expressão de infelicidade ou de desgosto.

O suceder do tempo é instrumento de aproximação do momento libertador. Quanto mais se vivencia o corpo, mais próxima se encontra a ocasião transformadora da sua estrutura.

Eis por que se deve viver em harmonia em todos os instantes, acumulando experiências, adquirindo sabedoria, evitando ideações perturbadoras que sempre se transformam em conflitos e desequilíbrios.

Quando se está diante de acontecimentos inesperados, torna-se indispensável a manutenção do pensamento em torno da brevidade do corpo e da perenidade do Espírito, preparando-se para que, a qualquer instante, haja a interrupção do fluxo vital.

As enfermidades, quando se instalam, apresentando-se como veículo da futura disjunção celular, sempre produzem estados inquietadores, especialmente naqueles que consideram a viagem carnal como única.

Conflitos existenciais

Ao tomar conhecimento do diagnóstico afligente de terapia não solucionadora, é normal que, no indivíduo desprevenido, irrompa um sentimento de ira, de revolta contra o mundo, as demais pessoas ou si mesmo, em mecanismo tormentoso de transferir culpas e responsabilidades, como se não viesse a ocorrer o mesmo drama além das suas fronteiras.

Nesse estágio, as interrogações são injustificadas: Por que eu? Com tanta gente no mundo, logo eu, que fui acometido dessa doença perversa?

Em realidade, milhões de outros indivíduos experimentam o mesmo transe, porque a enfermidade faz parte do processo de degenerescência do corpo. Algumas já se encontram eficazmente combatidas, enquanto outras somente agora estão sendo detectadas, graças aos equipamentos sofisticados, ao conhecimento mais profundo sobre o organismo, e outras ainda são de origem recente, em decorrência de fatores igualmente destruidores.

É comum suceder nesse período um sentimento de negação da doença, como reação ao que se considera como uma injustiça da vida ou da Divindade, quando o paciente vincula-se a alguma crença religiosa teórica.

Porque o problema permanece, mesmo sem superar essa fase, o doente entra em um outro comportamento, que é o de falsa esperança em torno de alguma solução, em vã expectativa de milagre ou terapêutica ainda não tentada, que ocasionará a reconquista da saúde, que nem sempre mereceu os cuidados adequados enquanto vigia no organismo.

Portadores de problemas causados pela drogadição, pelo alcoolismo, pelo tabagismo, sempre quando se encontram sob o látego rigoroso dos processos degenerativos, consequência do vício infeliz, costumam justificar-se que já o abandonaram e não compreendem como se encontram numa situação deplorável dessa natureza.

Não se querem dar conta de que o mecanismo de destruição foi de largo porte e já realizou o seu mister. Desvincular-se do vício não proporciona recuperação dos tecidos gastos, daqueles que foram destruídos, dos danos causados de maneira irreversível. Apenas faculta alguma sobrevida assinalada pelo sofrimento, pela amargura que provém do arrependimento tardio.

Surgem, normalmente, nessa oportunidade, amigos desavisados que apresentam propostas ilusórias, facultando negociações com o Criador, como se a transformação moral do indivíduo não fosse um processo edificante para ele mesmo. Fica-lhe então a falsa ideia de que havendo uma modificação no comportamento moral e mental, através de promessas que certamente não serão cumpridas, advirá a alforria, e a morte não terá o seu curso natural.

Como consequência, porque não ocorre nenhuma transformação conforme esperava, o desânimo se apossa do paciente, que entra em depressão e mágoa, enquanto silenciando e fechando-se em angústia, como se essa atitude pudesse trazer-lhe conforto e libertação.

Toda a existência deve ser utilizada para vivenciar-se o processo de evolução, e não apenas para deixar-se arrastar pelas sensações do prazer em espetáculos de egoísmo incessante, longe da responsabilidade e dos deveres morais.

Por fim, o paciente desperta para a realidade do que lhe sucede e permite-se conduzir pelos processos naturais do organismo, algumas vezes adquirindo forças e resigna-

Conflitos existenciais

ção, também decorrentes do auxílio que lhe é ministrado pelos Espíritos guias que o preparam para a libertação que não tardará.

A morte física deve ser sempre encarada como fenômeno normal, que o é, do processo existencial... Quando ocorram distúrbios orgânicos prenunciadores da desencarnação, que não se façam acompanhar de dissabores nem de sofrimentos demasiados, transformando a ocorrência em maravilhoso dom de espera, fruindo-se as concessões da vida, que prossegue e pode ser experienciada de outra maneira que não a habitual.

Quando o príncipe Sidharta Gautama realizou a sua viagem pelo interior do seu país, a fim de conhecer a vida, ao defrontar a velhice, a enfermidade e a morte, compreendeu de imediato a vacuidade das ilusões, e buscou interpretar o sentido existencial, o objetivo psicológico da caminhada humana. Reflexionando, mergulhando no profundo abismo de si mesmo, constatou que tudo são sofrimentos necessários ao aprimoramento do ser real – o Espírito imortal!

Todo indivíduo inteligente deve interrogar-se em torno da transitoriedade do corpo físico e dos objetivos da vida humana, meditando com equilíbrio, a fim de encontrar as respostas sábias para aplicá-las no cotidiano.

Uma doença grave, uma paralisia, uma amputação ou qualquer outra ocorrência prenunciadora de morte não deve destruir ou perturbar os dias de que se dispõe, sendo viável que o paciente adote uma conduta edificante, propiciadora de bem-estar para si e de satisfação para aqueles com os quais convive.

A morte não tem o direito de esfacelar os afetos, de desarmonizar os sentimentos, de perturbar a marcha da evolução, porque, em vez de destruir a vida, somente transfere o viajante para outra dimensão, para outra realidade, facultando-lhe a continuação dos anelos, o prosseguimento da afetividade, a ampliação da esperança em torno de melhores dias do futuro.

É normal que, desejando-se viver, a velhice, a enfermidade e a morte sigam empós.

Há muita beleza em todas as expressões da vida, particularmente na etapa terminal da existência, bastando que se adquira a óptica própria e se adaptem os sentimentos à situação na qual se transita.

Psicologicamente, a felicidade pode apresentar-se de maneiras variadas, apenas alterando a face da realidade que se deve adaptar às circunstâncias do momento.

LIBERTAÇÃO PELA MORTE

O corpo é, portanto, abençoado presídio celular temporário que retém o Espírito, impedindo-lhe a lucidez plena da realidade, facultando-lhe o germinar das divinas potências que lhe jazem adormecidas no imo e que procedem de Deus, herdeiro que é das Suas sublimes concessões.

A morte, desse modo, deve ser cuidadosamente estudada e comentada em todas as oportunidades existenciais, a fim de que seja liberada dos artifícios que lhe foram colocados pela ignorância e pelas religiões do passado.

Conflitos existenciais

Fazendo parte do processo normal da vida, não pode ser deixada à margem dos acontecimentos, como se merecesse consideração apenas quando se apresenta, arrebatando um ser querido ou anunciando-se como preparada para conduzir o próprio indivíduo.

Educando-se o cidadão com vistas ao seu triunfo social e econômico, moral e cultural, é necessário colocar-se também em pauta uma programação para a conscientização em torno da morte, tendo em vista ser uma fatalidade da qual ninguém se livra.

Preparando-se para morrer de maneira digna e natural, o ser humano altera completamente a paisagem social em que se encontra, por estabelecer condições para que o fenômeno transcorra sem choque nem traumatismo, ante a certeza do reencontro que facultará o prosseguimento das afeições, a liberação das mágoas, a ampliação da capacidade de compreender e de desenvolver os valores espirituais que exornam a todos.

Muitos males podem ser evitados, quando se estabelece um programa consciente para a morte, que faculta aquisição de recursos morais de imediata aplicação, capacitando o ser humano para a compreensão da jornada efêmera em que se encontra e do prosseguimento da realidade que enfrentará após o despir dos trajes orgânicos.

Mantida como um mito que somente alcança os demais, sempre quando se anuncia, causa pânico, revolta, desequilíbrios outros que esfacelam os ideais em que se apoiam os indivíduos, quando não os precipitam, paradoxalmente, na sua direção, mediante atitudes perversas das extravagâncias com as quais se pretende desfrutar os últimos dias de vida ou o hediondo suicídio...

Esse engodo em torno da perenidade do corpo tem sido responsável pela amargura em que muitos se afundam quando convidados a reflexionar em torno da morte de outrem que lhe é querido, ou tem-se tornado responsável pelo desequilíbrio de diversos, não raro arrebatando outras existências também, que não se conformaram com a ocorrência previsível...

A inevitabilidade do acontecimento exige que se tenha sempre em consideração o seu impositivo, de modo que as ilusões cedam lugar à realidade, e mesmo as fantasias que constituem recurso de devaneio e de prazer para muitos, sejam diluídas sem aflições nem desencantos.

Dessa maneira, surgem os compromissos com os atos saudáveis, os pensamentos corretos e as confabulações edificantes, propiciando valores emocionais que libertam das injunções fisiológicas após a ocorrência libertadora.

Quando isso não se dá, as fixações doentias, os hábitos insanos, as condutas perturbadoras atam o Espírito a essas e outras paixões, proporcionando-lhe sofrimentos inimagináveis, até que se diluam os vestígios materiais pela decomposição cadavérica.

Mesmo quando isso ocorre, as impressões permanecem dando a ilusão de que não houve a interrupção da organização material, e o Espírito, alucinando-se, nega-se a compreender o estado em que se encontra, tombando em distúrbios complexos e aflitivos.

O amadurecimento psicológico do indivíduo trabalha-o para considerar que, por mais longa se lhe apresente a existência, chegará sempre o momento em que será interrompida, e, dessa forma, equipa-se de sentimentos de renúncia e de abnegação, tornando-se grato pelas experiên-

Conflitos existenciais

cias adquiridas, assim como anelando pela conquista de outras realizações enobrecedoras.

A saúde emocional legítima examina o fenômeno desencarnatório sem abrir campo a qualquer tipo de transtorno, proporcionando uma vivência significativa e profunda de cada instante, de cada realização, de todo sentimento expresso.

A conscientização, portanto, em torno da efemeridade da vilegiatura carnal, amadurece os sentimentos, que se desapegam da posse e superam os caprichos do *ego*, dando maior valor às realizações do *Self*, que passa a merecer melhor contribuição de esforços e de atividades iluminativas.

A psicoterapia preventiva trabalha em favor da autoconsciência em torno da vida e da morte, constituindo a realidade única, a imortalidade do Espírito.

A psicoterapia curadora, quando a morte ameaça ou arrebata alguém muito caro, propõe o despertar da razão, sem pieguismo nem rebeliões, objetivando a análise direta e sem disfarce das vantagens de que se reveste a diluição do corpo, candidato ao envelhecimento, às desorganizações, à perda da estrutura com que se apresenta.

Livre do medo da morte, o cidadão avança pelos rios do destino na barca da autoconfiança, desbravando os continentes existenciais com alegria, sem qualquer tipo de limite, porque o seu horizonte é o Infinito para onde ruma.